**책을 품고
지혜를 불러내다**

책을 품고
지혜를 불러내다

신화라 지음

바이북스
ByBooks

'독서'에 관한 책이라면 차고 넘친다. 독서에 관련된 책 중 독서
법을 알려주는 책도 많다. 먼저 말하지만 나의 글은 독서를 권유하
는 글이다. 독서법을 알려면 얼른 덮길 바란다. 독서법이 아니라 독
서를 권유하는 글을 쓰는 이유는 하나다. 무엇보다도 내가 독서로
성장했기 때문에 자신 있게 말할 수 있다. 굉장히 많은 책을 읽거
나 많은 식견을 가지진 않았지만 평범한 독서가들에겐 충분히 동기
부여가 되지 않을까? 나 정도만 읽어도 독서의 효과는 너무나 증명
됐기 때문이다. 이 책의 곳곳에서 내가 겪은 독서의 효과를 만날 수
있다.

어릴 때 가가호호 방문하던 방문판매업자들이 있었다. 화장품
아줌마나 보험 아줌마들의 틈에서 동네에 방문하던 책 아저씨가 있
었다. 여럿이 사는 다세대 주택의 널찍한 마루에 앉아 엄마들의 관
심을 받았다. 그 아저씨가 오시고 나면 우리 작은 단칸방에 새 책이
생기거나, 다 읽은 헌책이 다른 새 책으로 바뀌어 있었다. 방이 두

개인 집으로 이사 간 후, 조용히 책이 있는 작은 방에서 벽에 기대어 앉아 그 책들을 읽고 또 읽는 일은 내겐 놀이였다. 다행히도 명작동화, 위인전기, 과학전집, 전래동화같이 여러 종류의 책이 있었다. 그 책들을 읽고 또 읽었다. 새로운 책이 더 이상 들어오지 않게되니 저절로 반복 독서를 한 셈이다. 혼자 조용히 책을 읽으며 책에 나오는 뜻을 이해 못 하기도 했다. 과학책에 나오는 '사고(思考)'의 뜻을 '사고(事故)'로만 이해했고, 'pet'이라는 뜻을 몰라 그저 동물을 가리키는 말인 줄만 알았다. 매번 혼선을 겪으며 책을 읽던 나는 한참이 지난 후 그 단어의 의미를 알고 비로소 그 책을 제대로 이해한 기억이 난다. 학년이 올라가면서 자연스럽게 그 놀이를 잃게 되고, 다들 하는 공부에 합류했다. 그것이 내 인생 최대의 실수였다. 중고등학생 때 책을 계속 읽었더라면, 여러 가지 방면으로 도움이 됐을 거다. 10년 이상의 세월이 흘러서야 조금씩 나의 놀이를 다시 찾게 되었고, '아이 때문에' 잡은 책이 이제는 '아이 덕분에' 감사하다.

한국인이 1년 평균 읽는 책의 양이 2017년 기준으로 8.7권이라고 한다. 한 달에 한 권만 읽어도 한국인 평균 이상이 된다. 몇 년 만에 만난 후배동료가 "아직도 책 읽어요?"라고 묻는다. '아직도'라니, 난 이제 시작인데. 그런 내게 "내가 뭘 잘하는지 모르겠어."라고 말하는 친구, 지인들이 있다. 누구나 다 하는 고민이다. 그런 사람들에게 말한다. "책을 차고 넘칠 때까지 읽어봐."라고.

나의 최대 바람은 엄마들이 독서를 많이 하는 거다. '엄마독서모임'이라는 이름으로 세 팀을 운영하고 있지만 더 많은 곳에서 이런 모임이 생겨나길 소망한다. 엄마들이 읽어야 제대로 된 육아를 하며 가정을 꾸려나갈 수 있다. 제대로 된 엄마의 정신은 나아가 이 나라의 미래를 제대로 만들어 나갈 수 있을 것이다. 거창하게 들릴지 모르겠지만 아이들이 우리의 미래라면 그 미래를 만드는 아이들을 키우는 엄마가 책을 읽는 건 어찌 보면 당연한 일이다. 오늘 잡은 얇은 책이라도 읽어내면서 우리가 할 수 있는 일에 동참하길 바란다.

의식 있는 여자들은 모두 책을 가까이한다.

성공자들의 곁에는 모두 책이 있다.

지혜 있는 자들도 모두 책이 곁에 있다.

그러므로 우리는 책을 읽어야 한다.

혼자서 힘들다면 독서모임에 합류하길 권한다.

앞으로 한 장, 한 장 넘겨가며 나의 독서를 소개할 것이다. 타인의 독서를 살펴보는 것도 내 독서에 도움이 된다. 어떻게 독서를 할지 감이 잡히지 않는다면 일단 한 장 넘겨보길 바란다. 한 장의 독서도 하나의 성공이다. 그 길의 출발선에 선 지금, 준비 출발!

chapter 2 # 책과 사랑에 빠지는 길

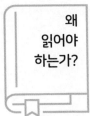

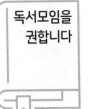

chapter 1

운명의
그 책을
만나다

내 삶을 바꾼 책, 책들

BOOKS

나 자신을
돌아보게 만든 책

여러 권의 책을 낸 저자나 자신의 일에서 성공하고 있는 프로페셔널한 사람들을 보면 '저 사람은 원래 그랬을 거야.'라는 생각이 먼저 든다. 살아온 배경은 어땠는지, 나온 학교는 어떤 곳인지 알게 되면 "그럼 그렇지, 뒷받침 잘 받아서 성공한거네."라는 말이 먼저 나온다. 그래야만 내가 이렇게 살고 있는 것이 타당하고 나 자신을 탓하지 않을 수 있었다.

결혼하고 나서까지도 나는 그런 생각에 사로잡혀 있었다. 내가 4년제 대학을 못 간 것도 집에서 뒷받침을 못해줘서이고, 고3때 수학과외만 했더라면, 학원이라도 다닐 수 있었다면… 생활비를 위해 아르바이트를 꼭 해야 했고, 다음날 버스 안에서 실신하다시피 잠을 자야 했고, 일하면서 공무원 시험을 준비했었고, 방송대를 졸업했다. 집에 큰 도움이 되는 사람이 되어야 한다는 마음의 짐도 있었다. 어릴 때부터 맏이라는 이유로 동생들을 돌봐야 했고, 아이를 싫어하게 되었다. 엄마는 내게 "지 스스로 큰 줄 안다."고 하셨지만 나는 내가 아닌 삶을 살고 있음을 누구보다도 잘 알고 있었다. 항상 내 발목을 잡은 돈도 많이 벌고 싶고, 당당한 나로 살고 싶은 욕구도 누구보다도 컸다.

'당당한 나'로 살기 위해서는 내가 뭘 할 수 있고, 잘 하는지 찾아보라는 이야기를 듣게 된다. 물론 책에서였다. 내가 뭘 잘 하지? 아니 먼저 좋아하는 것 찾기가 쉬우니 그것부터 찾아보기 시작했다. 먼저 나는 책을 좋아한다. 혼자 사색하는 것도 좋아한다. 반면에 사람과 함께하는 것도 좋아한다. 사람들 앞에 나서는 것도 좋아한다. 책을 꼼꼼히 읽는다. 편집, 교정을 즐긴다. 글이 편하지만 말하는 것도 좋아한다. 꼼지락거리는 일도 좋아한다. 만드는 것을 좋아한다. 그렇다면, 책을 좋아하고 만드는 것도 좋아하니 북아트를 했다. 막상 해보니 내가 생각했던 것이 아니라, 소소하게 수첩 같은 것을 만들거나 포스트 잇 보관하는 수첩을 만드는 일이었다. 하드보드지에 구멍을 내고, 핀을 박는 일이 재봉틀로 옷감을 박는 것보다는 재미있었지만 내가 원하는 일은 아니었다.

블로그에 조금씩 내가 읽은 책을 쓰기 시작하고 나와 관심사가 비슷한 이웃을 만나기 시작했다. 엄마표로 아이를 교육시키는 다른 엄마들을 보게 되고, 책을 좋아하는 엄마들을 만나게 되었다. 내게 긍정적 자극을 충분히 주는 분들이었지만, 한편으로 나는 자격지심을 버리지 못했다. '친정엄마가 아이를 봐주시니까, 원래 학력이 좋으니까, 좋은 회사를 다니니까, 육아휴직을 쓸 수 있으니까….'

글을 쓰다 보니 과거의 나 자신이 짜증나기 시작한다. 그렇게 자격지심이 심한 사람이었다니! 그런 내게 두 권의 책이 눈에 들어온다. 두 권 모두 블로그 이웃님들이 읽고 리뷰를 올린 책이었다. 나와 비슷한 연배의 남자분이 쓰신 책은 내게 충격 그 자체였다. 읽고 나서 그분에게 후광이 비쳤다고 해야 하나. 바로《일독일행》의 유근용 작가다. 내가 나 자신에게 너무 미안할 정도로 이분은 유년기가 우울했다. 부모님의 이혼, 새어머니의 학대, 친어머니와 만남 후 폭주족, 문제아, 가출소년으로 살게 된다. 군에 가서 우연히 책 한 권을 만나게 되고 그곳에서 책을 읽기 시작한다. 책 속에 간간히 나오는 독서노트를 보면서 입이 딱 벌어졌다. 내가 읽은 책은 책도 아니구나, 싶은 생각이 절로 들었다. 저자가 바뀌나가는 그의 인생을 보고 있으니 한편의 드라마가 따로 없었다. 나는 그보다 훨씬 나은 인생을 살고 있다는 것을 인식했다. 부끄러웠다. 매번 남 탓, 부모 탓, 돈 탓, 누구 탓만 하는 나 자신이 부끄러웠다. 책을 읽고 이렇게 부끄럽기는 처음이었다. 미안했다. 나 자신에게.

나는 아무것도 내세울 것이 없는 사람이다. 넉넉지 않은 집안에서 자라서 취업이 잘 된다는 이유로 3년제 보건대학을 나왔다. 일하면서 방송대에 편입해서 졸업을 했다. 양가에 아이를 맡길 수가 없어 아이를 키우는 동안 온전히 일을 쉬어야 했다. 다시 일을 하면서 늦게까지 운영하는 어린이집을 수소문해 아이를 맡기고 일을 했다. 워킹맘의 삶은 고단했지만, 집 주변에 도서관이 있어서 마음먹으면 쉽게 갈 수 있었고, 다행히 책도 좋아한다. 아이 때문에 잡은 책이 계기가 되어 아이 덕분에 꾸준히 책을 읽고 있다.

《일독일행》으로 나 자신에게 미안해하며 나도 누군가에게 도움이 되는 사람이 되고 싶어졌다. 나와 비슷한 사람은 없을까. 역시나 책으로 만남이 이뤄진다. 평범한 주부가 책으로 리더가 된 《리딩파워》 설연희 작가가 바로 그 만남이다. 저자는 결혼을 하고 삼남매를 키운다. 아이들이 자라는 동안 시조카들과 친정동생들이 그 집에 함께 살게 된다. 예전에는 도시로 유학을 하는 친척을 거두는 일이 종종 있었는데, 저자도 그런 사람 중 하나였다. 하숙집처럼 먹이고 입히는 뒷바라지를 삼남매를 키우면서 한 것이다. 우연한 기회에 일을 시작하게 되었고, 조금씩 승진을 하게 되면서 학습지 회사의 세일러에서 지역 수석국장까지 맡게 된다. 그녀는 책을 좋아했다. 자신의 꿈을 아이들에게 빼앗겼다고 생각을 했지만 어느 모임에서 만난 작가 사모님께 "준비하고 있으면 언젠간 그 일을 할 수 있다." 는 말을 듣는다. 책 읽는 것을 좋아하고 교육에 관심이 많은 그녀를 모 학습지 회사에서 기회를 주게 되고 일을 하게 되었다.

설연희 저자와 나의 공통점을 찾아보았다. 책 읽는 것을 좋아하고 아이들 교육에도 관심이 많다. 저자처럼 아이들을 교육하는 일을 생각해보기도 했다. 그녀와 내가 결정적으로 다른 점은 내가 아이를 좋아하는 편이 아니라는 것이다. 아이들을 돌봐줄 사람도 없어 저녁 늦게까지 하는 일은 할 수가 없었다. 다시 원래하던 병원 일을 하면서 책을 계속 읽었다. 나도 '준비하고 있으면 언젠간 그 일을 할 수 있을'거라 생각하면서. '그 일'이 무엇인지 몰라 안갯속 같았지만 책 속에 답이 있을 거라 믿었다. 지금 하는 독서가 헛것이 아니라는 것을 계속 생각하고 지냈다. 계속되는 독서는 내게 배출 하는 시기를 가져다주었다. 책을 계속 읽다보니 나도 쓰고 싶어졌 다. 어떻게 써야 되는지 혼자 글쓰기 책도 읽었다.

한글 워드로 100페이지 정도 분량이 되면 책 한 권이 만들어진 다고 해서 이제까지 썼던 글을 모으고 새로 써서 양을 채웠다. 책 앞뒷면에 있는 출판사 이메일로 무작정 보냈다. 출판사에서 검토한 다는 형식적인 이메일만 받아도 가슴이 뛰었다. 몇 주 뒤 모든 출판 사에서 거절 메일을 받고 좌절했지만 뭔가 뿌듯함도 생겼다. 새로 운 세상을 만난 기분이었다. 우여곡절 끝에 사부님을 만나 두 권의 책이 나오게 됐고 지금 세 번째 책을 쓰고 있는 중이다. 지금의 시 간이 몇 년 전에는 보이지 않았지만, 이제 그 점들이 선으로 연결됨 이 보인다.

《일독일행》과《리딩파워》가 모두 독서에 관한 책이다. '독서'에 대한 책이면서 '삶'이 담긴 책이다. 나를 돌아보게 하며 나에 대한 근본적인 물음을 주는 책이다. 어떻게 이 책들이 나와 인연이 되어 내게 이렇게 큰 도움을 주게 되었는지 모른다. 책을 좋아하는 내게 감사하고 그 계기가 되어준 아이들에게 감사한다. 내가 살아온 일들이 내 글의 글감이 되어주어 감사하고 내 주변의 모든 것에 감사한다. 매일 아침 잠에서 깰 때 무거운 눈꺼풀을 들어올리는 일이 힘들다. 눈을 감은 채 "좋은 하루를 주셔서 감사합니다. 멋진 하루가 됨을 미리 감사합니다."라고 중얼거린다. 몸이 무거워도 눈꺼풀이 무거워도 멋진 하루를 살기 위해 들어올린다. 그런 내가 또 감사하다.

혹시나 나처럼 변화를 맞이하고 싶은 분, 어디 계실까요?

삶의 의미를
되새기게 해준 책

내 안에는 여러 형태의 불안이 있다. 죽음에 대한 불안, 사고에 대한 불안, 장애에 대한 불안, 병에 대한 불안. 다른 이들도 이에 대한 불안이 있겠지만 내가 가진 불안은 근원도 해결도 없어보인다. 무엇이 내게 이런 불안을 안겨줬는지 모르겠다. 그저 나는 이것들에게 강한 불안을 느끼고 있고, 그것은 내 정신세계에 막강한 영향력을 끼친다. 마치 이 불안들이 나를 지배하고 있는 듯한 느낌을 받을 때도 많다.

누군가의 죽음으로 충격을 먹은 일은 없다. 가까운 친지의 죽음은 90세가 넘어 돌아가신 친할머니 정도다. 당신의 막내아들이 늦게 낳은 아이들이라 할머니가 70이 넘어서 우리가 태어났지 아마. 자주 보지 않아 정(情)도 없어서 할머니의 죽음은 그냥 당연한 것이었다. 보통 20대에 결혼과 출산을 마치는 세대의 부모님은 서른이 넘어 우리 삼남매를 낳으셨다. 그래선지 어린 동생들에게 매번 "엄마, 아빠가 없으면 언니가 우리 집에 제일 큰 어른이니 말 잘 들어야한다."고 당부하셨다. 그 말은 내게 '없으면'이라는 말로만 다가왔다. 언제든지 '없을' 수 있는 상황이 올지도 모른다는 불안감. 한때 장사를 하던 엄마는 가끔 마치는 시간보다 늦게 귀가를 하셨다. 연락을 할 방도가 없던 나는 엄마가 오는 길목을 보며 혼자 우는 시간이 많았다. 아주 어릴 때 부부싸움을 한 엄마가 짐을 싸서 나가려는 걸 못 가게 막는 아빠의 모습을 보면서 동생이랑 작은 방에서 울었던 기억이 있다. 늦게까지 엄마가 오지 않으면 그런 불안감에 사로잡히곤 했다. 혹시라도 엄마가 사라질까봐, 사고라도 났을까봐.

갑작스런 사고 소식은 트라우마가 남는다. 간접적인 경험이고 타인의 이야기인데도 공감능력이 뛰어난지 말이다. 사고로 인한 안타까운 죽음 중에서도 아이나 젊은 사람의 죽음은 특히나 마음을 아프게 한다. 내가 사고를 겪지 않았음에도 그런 일을 들으면 불안이 덮쳐온다. 아이를 낳아 키우면서 아이에 관한 사고는 예사로 보이지 않는다. 내 아이에게 그런 일이 생긴다면 어쩌지, 견딜 수가 없을 것 같다. 혹시라도 등하교길에 사고를 당할까봐 매일 학교 앞까지 가기도 했다. 아이는 혼자 다닐 수 있는데 나쁜 어른이 있을까봐 불안에 떨었다. 불안에 나를 가두는 시간이었다.

친척 중 장애를 가진 분이 계신다. 지인 중에는 장애아를 둔 가정도 있다. 임신 중 기형아 검사를 한다. 검사 결과 기형아라고 하면 어떡하지? 걱정이 된다. 기형아 검사 결과 정상이라고 나와도 낳은 후 뇌에 이상이 있는 아이라고 하면 어떡하지? 또 걱정을 한다. 평생 장애아의 엄마로 살 수 있을까? 첫째아이는 대근육 발달이 늦었다. 다른 아이들이 뛰어다닐 때 혼자 걷기 시작했다. 아무리 육아책을 찾아봐도 평균의 범위에 제일 끄트머리에 속해 있었다. 그 범위를 벗어나면 어떡하지? 나름 치료학을 배운 사람이라고 아이의 다리를 잡고 테스트도 해보았다. 근육 운동을 시켜보기도 했다. 혼자 조급해하며 아이가 못 걸을까봐 노심초사했다.

병(病)은 제일 가까운 곳에 있다. 건강하게 지내던 사람도 갑자기 쓰러지기도 하고, 나이 불문하고 걸릴 수 있는 흔한 것도 병이다. 엄마는 항상 아픈 곳이 많았고, 그러면서도 생계를 위해 일을 해야 했다. 병은 불편하고 마음이 아픈 것이다. 남편이나 내가 젊어서 아프면 어쩌지, 아이가 큰 병에 걸리면 어쩌지. 막대한 치료비는 어떻게 감당하지? 지금 건강하면서도 항상 걱정되는 것이 병이다.

이렇게 적고 보니 쓸데없는 걱정이 많은 사람인가 싶다. 크게 네 가지로 분류해봤지만 나를 둘러싼 불안은 언제 어떻게 튀어나와 나를 휘두를지 모른다. 《숨결이 바람 될 때》의 저자 폴 칼라티니는 전문의를 앞둔 의사였다. 정신없이 병원 일을 하고 뇌 손상 환자를 치료하고, 아내가 있나 싶을 정도로 바빴던 그에게 갑자기 병이 찾아온다. 아니 조금씩 병이 커져가고 있었던 것이다. 그의 나이 서른여섯. 그때부터 삶을 다시보기 시작한다. 책을 읽고, 아내와 상의하여 아이를 갖고 자신의 삶을 정리하기 위해 글을 쓴다. 마지막 순간에 더 이상 약물치료를 하지 않고 죽음을 맞이하는 모습은 독자들을 숙연하게 만든다. 이 책은 저자가 자신의 이야기를 소설처럼 기록했고 아내가 책으로 만들어냈다. 책을 읽는 내내 뭉클했고 마지막 페이지에 나와 있는 저자의 가족사진은 뭐랄까, 이렇게 젊은 사람이, 남편이, 아빠가 이제 없다니. 아쉬움의 한숨이 나왔다. '서른여섯'이라는 젊은 나이는 비슷한 또래인 내게 더 와 닿았다. 독서모임에서 이 책을 나누면서 '왜 이렇게 슬픈 책을 정했어요?'라는 질문도 받았다. 11월이라 자살하는 사람들이 많은 시기였다. 그들을 보고 이 책을 보면서 현재 삶을 살아가는 의미와 죽음을 결정하는 것에 대해 많은 생각이 들었다. 빅터 프랭클의《죽음의 수용소에서》도 삶의 의미를 생각하는 책이다. 나치 수용소에서 살아남은 저자가 눈으로 보고 겪은 이야기와 로고 테라피에 대한 내용이다. 그곳에서 삶과 죽음은 한끝 차이였고, 누군가의 선택에 의한 것이었다. 삶의 의지를 잃어버린 채 자살하는 사람도 있었지만 살아남은 사람들은 대부분 삶의 의미를 가지고 있었다. 죽음밖에 보이지 않을 것 같은 그곳에서 사람들은 어떤 의미를 가졌을까. 나라면 그곳에서 어땠을까. 독서모임에서 이 책을 이야기하면서 일제 강점기에 우리가 태어났고, 위안부나 강제징용으로 먼 곳으로 끌려갔다면 과연 살수 있었을지, 삶의 의미가 있었을지, 어땠을지 이야기를 나누었다.

《너를 있는 그대로 사랑해》의 저자 황수빈은 아이가 소아 뇌전증을 진단받았다. 좋다고 하는 것은 미신이라도 다 해보았고 치료를 위해 많은 곳을 찾아다녔다. 아이도 아이지만 부모, 특히 엄마의 입장에서는 아이가 아프거나 아이에게 이상이 생기면 '내가 임신 때 뭘 잘 못 먹었나?'부터 시작한다. 가볍지 않은 질병이라 엄마로서 더 힘든 부분이 많았을 텐데 그 시간을 벼텨낸다. 책을 읽고 글을 쓴다. 그녀는 비행기에 버스에 지하철을 몇 번이나 갈아타면서도 강연 요청이 있으면 달려간다. 아이가 자라서 어느 곳에서 살지 모르고, 내 아이의 질병을 알리기 위해서라고. 평범한 엄마였던 그녀는 그렇게 책으로 글로 강연으로 아이의 질병을 사람들에게 이야기한다.

책은 내가 가진 불안을 삶에서 직접 겪고 있는 분들의 이야기를 들려준다. 불안의 근원을 알 수 없는 내게 직접 그 상황을 겪고 있는 분들은 오히려 편하게 말한다. 병이나 사고, 장애나 죽음을 겪을 수밖에 없는 상황에서 그 삶의 의미를 생각하게 된다고. 이 일이 왜 내게 일어났는지, 이 일로 인해 나는 어떤 메신저가 될 수 있는지를 오히려 고민한다. 아직도 내겐 그들이 '초월'한 사람으로 보이지만 더 이상 오지 않은 일로 인해 불안해 하지 않는다. 불안함이 올 때 내가 읽었던 책의 저자들이 생각난다. 내가 그가 되어보기도 하고 정신을 차리면 현실에 있는 내가 있다. 나를 둘러싸고 있는 환경이 얼마나 감사한 일인지 알게 되고 불안을 떨쳐버린다. 내가 통제할 수 없는 네 가지의 불안은 아직 내게 일어나지 않은 일이다. 대신 내가 할 수 있는 일에 최선을 다한다. 평소 건강을 잘 유지하기 위해 노력하고 사고가 나지 않도록 주의한다. 물론 타인에 의한 사고가 일어날 수 있지만 그건 하늘의 뜻에 맡기기로 했다. 불안감을 주는 뉴스기사나 TV 프로그램도 보지 않으려고 한다. 건강한 정신을 만들기 위해 태교하듯이 좋은 것만 보려 한다. 내가 있는 위치에서 긍정 에너지를 발산하는 사람이 되는 것, 그에 앞서 내 스스로가 건강한 정신을 가진 사람이 되는 것이 제일 먼저다. 그것이 나를 살리고 우리 가정을 살리고 내 주변에 있는 사람들을 살리는 일이 아닐까. 그것이 곧 내 삶의 의미는 아닐까.

외롭고 쓸쓸할 때
힘이 되어준 책

누구나 다 혼자다. 과연 그럴까?

결혼 전에는 부모님과 형제자매들과 복닥거리며 살고, 결혼 후에는 남편과 아이들과 함께 산다. 언제 혼자였던 적이 있었던가? 생각해보면 혼자 있었던 적이 거의 없다. 대학 때 자취를 할 때도 친구와 있었고, 졸업 후에도 집에서 거의 출퇴근을 했으니. 결혼 후 다시 둘이 되었고, 아이를 낳고 지금은 넷이서 한 집에 산다. 삼남매 중에 맏이의 혜택은 고등학생 때부터 혼자 방을 쓸 수 있게 되었다는 점이다. 혼자 조용히 공부할 수 있도록 배려된 것인데, 여러 가지 면에서 도움이 되었다. 결혼을 하고 다시 둘이 되었으나 최대 단점은 내 공간이 사라진 것이었다. 혼자 방을 쓰던 시절에는 하루를 마무리하면서 일기쓰기나 다이어리 정리도 하고 개인적인 일을 조용히 할 수 있는 공간이 허락되었다. 이상하게도 결혼을 하면서 내 공간은 어디에도 없었다. 방은 두 개였지만 침실 이외의 방에는 남편이 쓰던 책상이 들어오면서 그의 공간이 되어버렸다. 사실 지금은 방이 세 개인 곳에 살지만 여전히 내 방은 없다. 어느덧 자신의 방이 필요해진 아이가 방을 차지하게 되고, 나는 나만의 공간을 그리워하고 있다.

결혼 후 혼자 있는 시간과 공간을 눈 씻고 찾아봐도 찾을 수 없었던 내게 절실하게 혼자 있는 시간이 생긴다. 내가 의도하지 않았던 일이고 생각하지도 못했던 일이다. 갑자기 많아져버린 시간은 내게 소위 멘붕을 가져다주었다.

유치원생을 키우며 워킹맘으로 열심히 살아가던 내게 원장님은 '실직'이라는 선물을 주셨다. 법적으로 한 달 전에 통보하면 얼마든지 고용주는 고용인에게 줄 수 있는 선물, '권고사직' 10년 넘게 있었던 남자실장을 '권고사직' 했던 원장이 다시 남자 실장을 원한다는 이유로 다른 '남자' 실장을 내정해놓고 친절하게 한 달 전에 통보한 것이다. 중간에서 말을 전하는 사무장은 미안한 마음에 "애 학교 입학하기 전에 조금 먼저 쉰다고 생각해."라며 위로했지만 들리지 않았다. '이래서 사람들이 공무원, 철밥통이라고 하는구나, 잘리는 위험 없는 곳에 들어가려고 그리 애를 쓰는구나!' 몸소 느꼈다. 말로만 듣던 '권고사직'이라는 것을 당해보니 그 맛이 씁쓸했다.

한 달 후 여전히 다른 이들의 시간은 똑같이 돌아가는데 내 시계만 느리게 흘러갔다. 갈 곳이 없었지만 출근하듯이 치장을 했고, 평소처럼 점심시간에 맞춰 밥을 먹었다. '책이나 실컷 읽어야지.' 책을 읽고 또 읽어도 시간은 가지 않고 책이 재미가 없어지기 시작했다.

변화를 주기 위해 도서관에 갔지만 시험을 준비하는 사람들과 중년 이상의 아저씨들이 왜 그렇게 많은지. 운동을 해보려고 근처 뒷산에 가보았더니 경로당에 잘못간 줄 알았다. 그늘이 있는 곳이면 모두 삼삼오오 모여 바둑이나 장기를 두고 있었고, 운동기구는 모두 할머니들 차지였다. 평소에 가깝지만 잘 가지 않던 백화점에 아이쇼핑을 하러 다니고 문화센터에 등록해 캘리그라피를 배웠다. 점점 똑같은 시간에 지쳐가고 있었다. 이제는 출근하듯이 치장도 하지 않았고, 그냥 동네 아줌마가 되어 있는 느낌이었다. 아이들을 어린이집에 보내놓고 TV프로그램을 하루 종일 보기도 하고, 잠이 오면 알람도 맞춰놓지 않은 채 실컷 자버리기도 했다.

쉼이 있는 것은 참 좋다. 주말이 꿀맛 같은 이유는 평일이 있기 때문이다. 적당한 노동력을 제공하고 주어지는 쉼은 내가 한 일에 대한 보상과 같다. 금요일이 더 달콤하고 일요일 밤이 아쉬운 이유다. '하루만 더 쉬었으면 좋겠다.' 하던 내게 갑자기 주어진 한 무더기의 시간은 달콤하지 않았다. 쓸모가 없어진 공구가 되어버린 기분이었다. 고용보험센터에서 실업급여를 받기 위해 대기하는 동안 많은 실직자들을 관찰했다. 잠시 쉬면서 실업급여도 타먹으니 참 좋다는 부류, 어쩔 수 없이 실직해서 온 나 같은 부류, 거짓으로 구직활동을 해서 센터 직원의 호통을 받는 부류. 또 다른 세상을 만났다. 이렇게 갈팡질팡, 내가 모르던 낮의 세계를 보게 되던 내게 사이토 다카시라는 분이 왔다. 《혼자 있는 시간의 힘》이라는 책으로.

아직도 이 책의 표지만 봐도 가슴이 설렌다. '사이토 다카시'라는 이름만 들어도 마음이 벅차다. 당시 내가 썼던 리뷰를 보면 그다지 재미있게 읽진 않은 듯한데, 이 책에 대한 느낌은 다르다. 운명적인 만남처럼 어떻게 내가 그런 상황인 줄 알고 책이 출간되었나 싶은 느낌, 저자가 내게 조근조근 말해주는 느낌. 아무도 없는 집에서 '혼자' 이 책을 읽으면서 '혼자'가 아닌 느낌. 그렇게 사이토 다카시가 말해주는 고독과 혼자 있는 시간의 중요성을 생각하며 내가 쓸모없는 사람이 아니라는 것, 지금 이 시간이 쌓이고 쌓여 나의 큰 자산이 될 거라는 생각을 하게 된다. 책 한 구절 한 구절이 생각나는 것은 아니지만 실패한 듯한 내 인생을 리모델링하는 시간을 삼게 해주는 책이었다.

그를 만나고 생활패턴이 달라졌다. 글을 쓰고 싶다는 생각을 하고 있던 터라 그 시간을 글쓰기에 할애하기 시작했다. 오전에 아이들을 보내고 간단히 할 일을 한 후, 컴퓨터 앞에서 글을 쓰기 시작했다. A4 100장 정도면 투고할 수 있는 양이라고 했다. 그 원고들은 모두 퇴짜를 맞았지만 내게 큰 경험으로 남아있다. 그 시간의 느낌이 아직도 생생하다. 아이들이 오기 전에 써야 하는 분량, 좋아하는 믹스커피의 향, 누구와도 연락하지 않으려 핸드폰을 무음으로 해두었던 시간. 사이토 다카시는 혼자 있는 시간을 어떻게 보내느냐에 따라 삶의 갈림길이 결정된다고 했다. 성인도 사춘기만큼은 아니지만 혼자 있는 시간이 필요하다고, 자신의 힘은 혼자 있는 시간에서 나온다고 그 시간을 예찬했다.

결국 그의 말대로 내게 그 시간은 의미있는 시간이 되었고, 삶의 갈림길을 결정하는 시간이 되었다. 당시 썼던 원고는 컴퓨터 깊숙이 저장되어 버렸지만 이후에 내가 글을 쓰게 되고 책을 내는데 큰 힘이 되어준 시간이었다. 흔히 가지 않는 길을 시도하게 되었고, 다른 이들이 신기하다 별나다 이야기하는 길을 닦았다. 지금와서 보면 '너는 할 줄 알았다.'는 반응이 주를 이룬다. 그들은 가보지 않은 길이니까.

이제는 당시 내게 선물을 준 원장님이 감사하다. 원장님 아니었으면 내가 사이토 다카시를 그냥 스쳐지나갔을 수도 있었을 텐데 말이다. 다시 병원을 찾았을 때 "요즘 어디서 일하노?"라는 원장님의 물음에 "저 책 쓰는 작가가 되었어요."라며 명함을 내밀 줄 누가 알았겠는가. 《가끔은 격하게 외로워야 한다》는 작가 김정운은 외로움이 '존재의 본질'이라고 한다. 그는 훌쩍 일본으로 떠나 4년간 혼자 지낸다. 하고 싶은 그림을 배우고 대학생이 되어본다. 그 전문대 졸업장이 가장 자랑스러운 학위라고 한다. 자신이 가장 하고 싶었던 일을 했기 때문이다. 여러 가지 책을 읽어보면 저자들이 입을 모아 말하는 것이 있다. '자신이 좋아하는 일을 하라'는 것이다. 좋아하는 일을 하다보면 잘하게 되고 잘하는 일로 수익을 만들라는 큰 뼈대를 이루는 말이다. 맞는 말이다. 내가 좋아하는 일이 무엇인지 아는 일이 우선이다. 막연한 말이기도 하다. 지금까지 살면서 '내가 뭘 좋아하지?'라는 물음을 해본 적이 있던가? 단순히 자신의 장점을 찾아보는 일도 어려움을 겪는 사람도 많다. 외로움을 만나야 한다. 혼자 있는 시간을 가져야 한다. 그 시간을 두려워말고 일부러 찾아야 한다. 오롯이 자신만의 시간을 가질 때 새로운 나를 만난다. 자신에게 집중하는 시간은 내면의 나와 이야기 나누는 시간이다. 그럴 때 나는 나를 만나게 되고 나의 본질과 이야기 나눌 수 있다. 자신을 가장 사랑하는 사람은 결국 자기 자신 뿐이고, 사람은 누구나 혼자이기 때문이다.

힘들고 고통스러울 때
위로가 되어준 책

스트레스를 받으면 일단 먹는다. 스트레스 푸는 방법으로 과식이나 폭식을 하는 것이 제일 나쁘다고 하던데, 일단 씹으면 기분이 좀 나아진다. 식탐도 많아서 먹고 싶은 것이 있으면 새벽에 자다가도 일어나서 먹고 잔 적도 있다. 초코파이를 참 좋아한다. 초콜릿도 좋아해서 자주 먹었다. 달달하고 배도 불러오는 초코파이는 앉은자리에서 한 통을 다 먹을 수도 있다. 과자나 빵 종류도 좋아하지만 초코파이 한 통보다 기분이 좋아지진 않는다. 그렇게 먹어서 스트레스를 풀다보면 필요 없는 지방이 쌓인다. 평소보다 아주 많이 움직여야 그 칼로리가 소모된다고 하던데, 평소처럼 움직이면서 아주 많이 먹는다.

스트레스는 내 몸과 마음을 더 무겁게 만든다. 먹을 때만 기분이 좋지, 먹고 나면 목구멍까지 차오르는 과식의 기분은 그리 썩 달갑지 않으니 말이다. 요즘에는 이렇게 먹는 일이 많이 줄어들었다. 여전히 초코파이를 좋아하지만 절제해서 먹는다. 최근에는 초코파이를 언제 먹었나 싶을 정도로 먹은 기억이 가물거린다. 그만큼 스트레스를 덜 받을 수도 있고, 스트레스를 해소하는 방법이 다양해진 것도 있다.

만날 때마다 기분이 좋아지는 사람이 있다. 내가 기분이 보통일 때 만나면 더 좋아지고, 조금 기분이 안 좋을 때 만나면 기분이 풀린다. 그런 사람이 주변에 있다면 참 행복한 사람이다. 반면에 만날 때마다 기분이 안 좋아지는 사람이 있다. 우울하거나 부정의 감정을 주는 사람이다. 그런 사람들을 만나고 돌아오는 길은 비오는 날처럼 축 처진다. 그런 사람이 주변에 있다면 거리를 두길 권한다. 나는 다른 이에게 기분 좋은 사람일까, 피하고 싶은 사람일까?

우울하거나 부정의 감정을 주는 사람을 피하고자 한다. 예전에는 가리지 않았다. 지인이나 친구라면 항상 만나고 함께 이야기 나누는 것이라고만 생각했다. 상대방이 우울하면 위로해주고 공감해주는 것이 당연하다 생각했다. 그곳에 내 감정은 없고 오로지 타인의 감정만 있었다. 조금씩 내가 힘들어지는 것은 당연한 일이었다.
상대방의 감정의 쓰레기통이 되어 내 마음속에 나쁜 감정이 가득차다못해 넘치고 있었다. 넘치는 부정의 감정을 자각하고서야 해결방법을 찾았지만 또 다른 사람에게 그 감정들을 버리고 있었다. 나도 다른 이에게 나쁜 감정을 버리고 있었던 것이다. 나의 이야기를 들어주는 사람에게 고마움을 느끼지도 못했다. 그저 친구니까

지인이니까 해도 되는 이야기일 뿐이라 생각했다. 다른 이를 욕하기 전에 내가 먼저 정화되어야 함을 깨닫지 못하고 다른 이에게 부정의 감정을 버리기에 급급했다. 그렇지 않으면 내가 살 수가 없었다. 다른 이들의 부정적인 감정을 내게 무단 투기하도록 허락한 사람이 나였으면서도 또 다른 사람을 탓하고만 있었다.

내 주변 지인들 중에서 만나면 기분 좋은 사람이 있었던가, 궁금해진다. 누군가를 만나 크게 웃어본 일도 손에 꼽을 만큼이다. 아이들이 커가면서 아이 덕분에 웃을 일이 생기는 일이 그나마 감사한 일이다. 또 감사한 한 분이 있다. 앞에 붙는 수식어가 많지만 '바람의 딸', '세계시민학교 교장' 등으로 불리는 한비야님이다.

내가 10대 시절부터 이름을 들어보았고 20대에 들어서 그녀의 책을 읽기 시작했다. 《바람의 딸, 걸어서 지구 세 바퀴 반》부터 시작해서 《1그램의 용기》까지 모든 책을 다 읽었다. 작년에 한 세미나에서 멀리서나마 강연을 듣기도 했는데 세월이 흐름에도 변함없이 활기차고 에너지 넘치는 모습이었다. 그 현장에 함께 있음에 감사했다. 한비야는 특유의 빠르고 많이 쏟아내는 말이 특징이다. 하고 싶은 말이 많아서기도 하고 원래부터 말이 빠르기도 하단다. 그런 그녀의 책을 읽으면 그녀의 말이 들리는 듯하다. 기분이 좋아진다. 그녀의 책을 읽다보면 언제나 기분이 좋다. 내 기분에 상관없이 좋은 에너지를 받는 느낌이다. 그런 그녀를 항상 곁에 두고 싶지만 내 곁에는 그녀의 책으로 대신한다. 《바람의 딸, 우리 땅에 서다》를 보며 우리나라 여행을 하고 《한비야의 중국 견문록》으로 중국여행을 함께 한다. 《지도 밖으로 행군하다》로 팔레스타인에 여동생도 한 명 생겼다. 10년 넘게 매월 3만 원의 돈으로 후원을 하고 있는데, 이 책이 아니었다면 쉽게 생각하지 못했을 것이다. 그 덕에 나는 팔레스타인 가족에게 무한한 감사기도를 받고 있다. 그 기도가 나를 지켜주는 일부가 됨을 느낀다. 《1그램의 용기》로 '한 발짝만 더'라는 생각으로 일상의 작은 도전을 이어가고 있다. 작은 도전이 모이면 어떤 일이 생길지 모른다. 그 길에 한비야와 함께하는 느낌이다.

결혼 후에 만나게 된 한 분이 있다. 국민강사 김미경이다. 《꿈이 있는 아내는 늙지 않는다》라는 책으로 만나 이전 책과 이후 책을 다 읽었다. 요즘은 유튜브로 매일 만나고 있다. 한비야의 책은 기분이 좋게 만들어주지만 김미경의 책은 고민하고 행동하게 만든다. 엄마나 아내의 삶도 중요하지만 그 전에 나를 찾으라는 이야기가 많다. 내가 지금 당장 무엇을 해야 할지 모를 때 이분의 책을 읽으면 도움이 된다. 김미경 특유의 입담을 책에서도 고스란히 전달받을 수 있다. 옆에서 말하는 듯 언니의 이야기는 공감이 되기도 하고 눈물을 빼기도 한다.

몇 년 전 근처 세미나에서 만나 책에 사인을 받았다. 사인을 받기 위해 미리 책을 준비했다. 사인을 받는 사람 한 명 한 명에게 "요즘 뭐하고 지내?"라는 질문을 하셨고, 나는 "책을 내고 싶어요."라는 말을 했다. "잘하고 있어, 잘될 거야."라는 대답은 비록 형식적인 격려일 수도 있겠지만 매순간마다 생각났다. 내가 잘 하고 있고 잘될 거라는 믿음을 머릿속에 갖고 꼭 책을 내고 싶다는 생각을 더 하게 만들었던 계기가 되었다. 내 나름대로 글을 써서 보냈지만 퇴짜를 맞았고 어떻게 해야 할지 막막하던 때였다. 잘 하고 있다고, 잘될 거라고 말한 사람은 아무도 없었다. 책의 저자들은 내가 하는 일이 맞다 했고, 도전하라고 말했다. 현실에서의 사람들은 "젊은 사람이 책을 쓴다고? 지금 되겠나?"라는 말이 대부분이었다. 그런 혼란 속에서 나는 책의 저자들을 따라가기로 했다. 내가 밟는 길이 옳은 길이라는 생각을 하게 해준 저자들이다.

한비야나 김미경 모두 나이가 들면서 더 멋있어진다. 나이에 상관없이 계속 도전의 연속이며 그런 삶을 몸소 보여주기 때문이다. 한비야는 월드비전의 긴급구호 일에서 대학의 교수로 수업을 하다가 다시 학교에 학생으로 배움을 이어나갔다. 김미경도 영어공부에 옷과 가방을 만들고, 유튜브를 시작했다. 60이 되면 유학을 갈 계획이란다. 두 분 다 넉넉지 않은 집에서 태어나 자라면서 혼자 길을 만들었다. '이쯤 되면 쉴 법도 한데'라는 생각은 그분들에게는 먹히지 않는 듯하다.

나도 나이가 들면서 더 멋있어지는 사람이 되고 싶다. 인생의 후배들에게 조언을 해줄 수 있는 조력자로 늙고 싶다. "라떼는 말이야!"라며 강조하는 꼰대가 아니라 후배들이 연락을 하고 싶은 그런 멘토 같은 멋있는 여자로 나이 들고 싶다. 만나면 기분 좋은 사람, 또 만나고 싶은 사람이 되어 사람 부자로 살고 싶다. 힘들고 지칠 때 떠오르는 한 사람이 되는 것만으로도 인생 한번 잘 살았다고 미소 지을 수 있는 그런 날이 기대된다.

육아의 길잡이가
되어준 책

"원경은 풍경이고 근경은 전쟁이다."는 말이 있다. 누구에게나 보이는 것과 실제와의 차이가 있지만 사람들은 보이는 모습으로만 판단을 한다는 말. 친구들 중에 육아 시작점이 약간 빨라 친구들이 아이를 낳고 힘든 구간을 지날 때 "너는 어떻게 아이 둘을 그렇게 쉽게 키웠어?" 아는 지인은 아이 돌보미를 고용하면서도 너무 힘들다고 말하며 내게 그렇게 또 말하기도 했다. 그들이 보는 원경은 풍경이었던 셈이다.

내게 육아는 내가 새로 태어나는 계기가 됐다. 아이를 낳은 것이 아니라 나 자신을 새롭게 만나는 시간이었다. 출산 전까지는 그저 내 몸 하나만 건사 잘 하면 되는 것이고 다들 아이를 낳으니 나도 낳아야 한다고 생각했다. 어른들은 "아이를 낳기만 하면 저절로 큰다."고 말했고, 진짜 그런 줄 알았다. 화목한 가정을 위해서는 아들과 딸이 있는 4인 가정이 되어야 한다고 생각했고, 첫째가 딸이니 둘째가 아들이길 바랐다. 아마 둘째도 딸이었으면 셋째를 낳아서라도 아들을 낳으려고 했을 거다. 내가 보는 원경은 그랬다. 아들과 딸이 함께 있는 화목한 가정. 아빠와 친한 딸, 엄마의 곁에 있는 든든한 아들. 그런 모양이 필요했다. 단 그것뿐이었다.

첫 번째 책인 《여자는 육아로 성장한다》에서는 적나라한 근경을 보였다. 전쟁 같은 육아의 일상을 적어내면서 '이렇게까지 이야기해도 될까?'는 생각을 했었다. '너무 솔직해서 놀랐다'는 독자도 있었지만 평화로운 원경보다 전쟁 같은 근경이 내가 겪은 일상 그 이상도 그 이하도 아니었다. 아이들이 많이 자란 지금도 다른 이들은 나를 원경으로 바라본다. 아이들이 책도 많이 읽고, 내 시간도 자주 갖고, 집에서 요리도 잘 해먹는 다재다능한 워킹맘.(나만 그렇게 생각할지도) 근경으로 들어가면 아이들은 만화책을 읽고 있고, 그걸 막지도 않는다. 독서모임 같은 모임을 위해 남편과 얼마나 많은 일정 조절을 하는지 모른다. 내가 나가기 위해서는 누군가가 아이들과 함께 있어야 하기 때문에 남편의 도움은 필수다. 남편도 모임이 많은 사람이라 일주일에 4명이 함께 모여 저녁을 먹는 날은 한 손에 꼽고도 남는다. 압력솥에 밥하는 것만 배워서 결혼한 후 참 많이 발전했다. 최근에는 간편 레시피들이 워낙 많기 때문에 스마트폰으로 검색해서 요리를 한다. 결혼 때 카드사 포인트로 샀던 저렴한 냄비를 얼마 전에야 비로소 제대로 갖춰진 냄비로 바꿔 그 덕도 톡톡히 보고 있다. 올려놓기만 하면 되는 냄비는 그야말로 신세계다. 근경은 이렇다.

사실 나도 타인을 원경으로 바라보았다. 블로그 상에서 좋아하는 '바보엄마'라는 분이 계신다. 그분의 블로그에서도 이런 주제의 글이 올라왔다. 남들이 보는 원경은 풍경이요, 근경은 전쟁이라고. '아, 저런 분도 다 똑같구나.'라는 안도감과 동질감을 느끼게 해주는 글이었다. 그런 글들을 모아 책이 나온다는 소식을 들었을 때, 얼마나 기뻤는지 모른다. 꼭 내 책이 나온 마냥 기뻐했던 기억이 난다. 그분이 하시는 것을 보며 나도 글을 써서 후배 엄마들에게 도움이 되면 좋겠다는 생각을 하게 됐다. 《걱정말아요, 육아》와 《달팽이 책육아》는 여느 육아서와는 다르게 딱 내게 맞춤형 육아서였다. 엄마표 책육아니 엄마표 영어니 하는 것들은 하고 싶지만 내 성격상 아이를 잡고 있었고, 그런 내 모습을 보면서 나도 스트레스를 받고 있었다. 아이와 사이가 나빠지고 싶진 않아 더 이상 진행할 수가 없었다. 내 의지의 문제와 아이가 원할 때 해야겠다는 판단이 섰고, 아이는 본인의 뜻으로 작년부터 영어 학원을 다니고 있다. 재밌어하는 바람에 끊지 못하고 다니는데, 한번씩 "이제 그만둘 때 안됐어?"라고 물으면 "계속 다니고 싶어." 하며 숙제며 녹음 과제를 혼자 해낸다.

역시나 블로그로 알게 된 '욕심많은 워킹맘'이라는 분도 내게 많은 영향을 주었다. 몇 년을 블로그로 알고 지내다가 몇 달 전 짧게 만날 수 있었다. 첫 만남이었는데도 전부터 알던 친구를 오랜만에 만나는 느낌을 받았다. 첫째아이들이 나이가 같아 같은 시기의 육아를 진행하는 터라 더 동질감을 느꼈다. 나는 둘째 아이가 돌 지난 후까지 일을 쉬어 그나마 좀 수월한 편이었다. 반면에 '욕심많은 워킹맘'이라는 닉네임처럼 그분은 항상 워킹맘이었다. 워킹맘으로 양가의 도움 없이 아이를 키워내고 퇴근 후 아이와 함께 하는 15분의 홈스쿨을 토대로《하루 15분의 행복》이라는 홈스쿨 책을 펴냈다. 이분을 보면서 블로그에 올리는 학습일지도 따라해보고 아이와 함께하는 문제집도 따라 구입했다. 정보력도 좋고 두뇌형이라 내가 못하는 부분을 많이 가지고 계신 분이다. 지금도 블로그를 통해서 많이 배우고 따라하는 중이다.

가수 이적의 어머니이자 여성학자이신 박혜란 선생님의 책도 즐겨 읽었다. 이유는 마음이 편해져서. '엄마표'나 '초등대비' 등의 책들을 보면 내가 열심히 달려야만 가능하다는 압박을 많이 받았다. 내가 끈기 있게 할 수 있는 것은 그저 아이들에게 책을 읽히고 읽어주는 정도다. 그것이 나의 최선이고 내가 아이들을 사랑스럽게 바라볼 수 있는 한계치였다. 그런 나를 그렇게 해도 된다고 어루만져주는 책이 박혜란 선생님의 글이다.

《다시 아이를 키운다면》은 할머니의 입장에서 내가 다시 아이를 키운다면 이렇게 하겠다,는 내용이다. 할머니가 되면 약간 떨어져서 육아를 보게 된다. 1인칭 시점의 엄마가 3인칭의 눈을 갖기가 쉽진 않다. 이런 책들을 통해서 '이렇게 해도 되겠구나'라는 생각을 함과 동시에 이분의 이력이 눈에 띄었다. 주부로 삼형제를 키우던 엄마가 어느 날 공부를 시작한다. 아이들은 엄마가 공부를 하는 테이블에서 함께 책을 읽거나 공부를 한다. 7~80년대에 아이를 키우는 엄마들이 공부를 하는 일은 없진 않았지만 흔한 일은 아니었다. 막내가 고3 때 엄마가 홀쩍 유학을 떠나기도 했단다. 주변 사람들은 "저 엄마 제정신이 아니네"라고 했지만 어릴 적부터 그런 엄마를 보고 자란 아이들은 모두 명문대를 나오게 된다. 그런 이야기를 읽으면서 엄마가 공부해야 된다는 생각을 시작했다. 어떤 공부든 독서든 아이들은 그런 엄마를 보면서 자란다는 말을 믿게 됐다. 아이들에게 공부하라고 다그치는 엄마가 아니라 내가 먼저 공부하는 엄마가 되어야겠다는 생각을 하게 만들어준 분이다.

아이를 낳고 다시 책을 잡게 됐다. 아이를 어떻게 키워야 할지 몰라서였다. 책을 읽으면 방법이 나오겠지, 내가 하고 있는 방법이 맞는지 찾아보는 심정이었다. 그렇게 많은 육아서를 읽으면서 본 것은 각자의 육아가 다 다르다는 것이다. 다양한 만큼 다양한 이야기가 있었다. 모두 자신에게 맞는 방법들이었다. 나는 그 속에서 내게 맞는 육아를 찾아야 했다. 백화점에서 내게 맞는 옷을 찾아보는 일과 같다. 한번쯤 슥 훑어보고 한 매장에 들어가 옷을 입어본다. 내게 안 어울리면 다시 벗어놓고 다른 매장에 들어간다. 그렇게 반복해보면 어떤 매장의 옷이 내게 잘 어울리는지 알게 된다. 단골이 되고 그곳에서 고민없이 옷을 입어보고 구입한다. 그러다 디자인이 바뀌거나 마음에 안 들면 또 다른 매장을 살펴보면 된다. 육아가 그런 것이었다. 내게 맞는 육아는 어느 책이고 딱 집어 존재하지 않았다. 내게 어울리는 상의와 하의를 꼭 같은 매장에서 구입하지 않아도 됐다.

갈팡질팡하며 남들이 하는 '보통'의 삶의 꿈꿨다. '보통만 해도 된다'는 내 삶의 좌우명이었다. 남들이 가는 곳은 가야 했고, 남들이 하는 것은 해야 했다. 내가 아닌 남처럼 사는 삶을 잘사는 것이라 느꼈다. 책은 그런 내게 내가 남보다 잘 하는 삶이 있다고 말해줬다. 1인 1색인 인생에 내 인생을 찾고 남의 인생은 참고만 하라고 말해줬다. 그 덕에 조금씩 바뀌고 있다. 몇 년 전의 나와는 조금 달라진 모습에 '잘 하고 있다'고 말해주고 싶다. 아직도 완전한 내 인생을 찾았는지 궁금하다. 예전만큼 불안하지 않은 것은 앞으로도 남의 삶보다 내 삶을 살아갈 것이기 때문이다. 육아뿐 아니라 내 삶의 길잡이를 찾게 해준 것도 책이다. 돌아보니 또 감사하다. 언젠가 내 글도 누군가에게 감사로 다가가길 바라본다.

내 꿈을 찾기 위한
여정 속의 책

"넌 꿈이 뭐야?"

어릴 적 학교 다닐 때 많이 듣던 질문이다. 단, 그 당시의 꿈이란 '어떤 직업'을 가지고 싶냐는 뜻이었다. 선생님, 교수, 간호사 심지어 현모양처가 꿈이라는 친구도 있었다. 지금 아이들에게 물어봐도 비슷한 대답이 나온다. 공교육의 현장에서 꿈의 정의를 다시 내리는 일이 쉽지만은 않다는 생각이 든다. 아이들에게 "커서 뭐가 되고 싶어?"라는 질문은 흔히 생각하는 직업으로 질문하고, "꿈이 뭐야?"는 어떤 사람이 되고 싶은 것인지 물어보는 거라 설명을 해주었다. 아이들은 이런 질문이 낯선지 쉽게 대답하지 못했다. 2,30년의 차이가 그리 크지 않아 아쉽고 안타까운 일이다.

정작 그런 질문을 하는 나, 엄마인 나는 꿈이 뭐지? 어릴 때의 꿈은 아니 하고 싶은 직업은 약사, 교사, 간호사, 한의사 등의 모두 '사'가 달린 직업이었다. 예상했겠지만 내 바람은 아니었고 부모님 특히 엄마의 바람이었다. 나는 고등학생이 되면서 내 진로에 대해 심각하게 생각을 했었고, 특수교육과를 나와 특수학교 선생님이 되길 희망했다. 문제는 성적이었다. 특수교육과를 갈만큼의 성적이 나오지 않았지만 당시 특차에 지원을 했다. 고입 후 조금씩 준비했던 외부 상장도 여러 개 있었고, 지원해보지도 않고 포기하기엔 평생 후회할 것 같았다. 결과는 여러 선생님들의 예상이 적중했다. 안되는 건 일단 제쳐놓고, 차선으로 국어국문학과를 가고 싶었다. 국문학도는 뭔가 멋있기도 하고 그 과에 가면 책도 많이 읽을 것 같았다. 집에서 반대할 듯해 소심하게 내 바람을 말했을 때, "거기 나오면 뭐 먹고 사는데?"라는 말에 할 말이 없었다. 결국 졸업과 동시에 취업이 된다는 전문대학 보건계열에 진학했고, 졸업 전에 취업도 했다. '꿈'이라는 단어는 꼭 산타할아버지 같았다. 어느 순간 산타할아버지가 우리 아빠라는 사실을 아는 순간 '꿈'도 깨져버리는.(이 부분을 우리 아이들이 읽으면 안 되는데, 비밀이다. 아직은) 또는 꿈은 잘 때나 꾸는 것? 그렇게 생각하는 성인이 되어버린 지 오래였다.

《시크릿》과 《꿈꾸는 다락방》이라는 책이 한창 유행일 때, 일부러 그 책을 읽지 않았다. 베스트셀러를 일부러 피하는 경향도 있었고, 뭔가 종교적인 느낌이 날거라 생각했다. 《시크릿》은 외국판, 《꿈꾸는 다락방》은 한국판 종교적 성향이 가득한 그런 책. 사이비 교회에서 다락방 어쩌고 했었던 뉴스를 본 적도 있어 더 그랬는지도 모른다. 그 책이 출간되고 나서 몇 년이 흘러서야 그 책을 읽게 됐고, 심지어 빌려 읽은 후 구입까지 했다. 출간 당시 상당한 신드롬을 일으켰다. 많은 사람들이 끌어당김을 이야기했고, 원하는 것을 상상하고 잘 보이는 곳에 사진을 붙여놓기도 했다. 당시 나는 끌어당김과 상상하기 등은 비현실적이라 생각했다. 이제야 이 책들의 참 뜻을 이해한다. 끌어당기기만 하면 어쩌느냐, 실행하지 않는 사람들을 비판하는 글도 많지만, 끌어당기고 실행하는 것은 같이 가야 하는 일이다.

책을 계속 읽다보면 '너의 강점은 뭐니?'라고 묻는다. 나의 강점을 찾아보라는 말이 많이 나온다. '나는 장점도 없는데, 강점은 또 뭐야?' 고구마 100개 먹은 것 같다. 다른 책을 읽어도 또 훅 치고 들어온다. 강점을 또 물어본다. 그러면서 꿈이 뭐냐고 묻는다. 나는 속으로 대답했다. '나 꿈 없는데요?' 매일 책과 싸웠다. 보이지 않는 전쟁처럼, 읽고 질문하고 꿈이 없다 대답하고. 만약 음성지원이 됐다면 굉장히 시끄러웠을 테다. 답이 없는데 답을 찾는 느낌. 서울에서 김서방 찾기, 모래사장에서 바늘 찾기 등의 말이 어울리겠다. 그럴 때 책을 덮었어야 했다. 피하려고 다른 종류의 책을 읽어도 또 그런 말이 나왔다. 책과 밀당의 연속이었다.

당시 나는 주부였다. 일을 그만두고 첫째가 바로 생기면서 둘째가 돌이 지날 때까지 전업주부로 살았다. 내가 하는 일이 평생 할 수 있는 일이 아니었기에 대안을 찾고 싶었다. 일은 언제든지 구할 순 있었지만 또 언제든지 그만둘 수도 있는 일이었다. 다른 회사처럼 출산휴가나 육아휴직이 겉으로만 유지되는 곳, 출산휴가와 육아휴직은 곧 퇴사라는 곳. 물론 큰 병원은 그렇지 않은 곳이 많지만 큰 병원에 들어갈 수 있는 시기를 놓쳐버리고 작은 의원만 다니는 내게 그런 복지는 내 것이 아니었다. 그런 점이 내게 꿈을 물어보는 책을 외면할 수 없게 했다. 내게 꿈이 생기고 그 꿈을 이루면 다시 병원을 가지 않아도 될 것 같았고, 병원을 가더라도 든든한 백이 생길 것 같았다. 내 꿈을 찾아보기로 했다.

검색을 했다. '꿈'과 '여자', '주부', '아내' 등의 검색어를 입력하니 친절하게도 여러 가지가 나왔다. 내가 발견한 것은 김미경의 《꿈이 있는 아내는 늙지 않는다》라는 책이었다. 앞에서도 이 책은 언급이 됐지만 그만큼 내게 큰 영향을 준 책이다. 이 책은 특이하게도 다른 책보다 내게 훅 들어왔다. 방어하지도 못하는 순간에 훅 들어와 나를 치고 갔다. 저자인 김미경은 자신의 이야기를 맛깔나게 하면서 꿈이 있는 사람, 없는 사람, 꿈이 있는 주부, 아닌 주부들을 소개했다. 또 주부나 아내는 그 이전에 '나'라는 것을 인식하게 해주었다. 아이를 낳으면서 '누구 엄마'가 돼버리는 건 한 순간이었다. 나 스스로도 카페나 인터넷 사이트에 별명을 등록할 때 '복덩맘'이라고 아이 이름을 넣어 만들었다. 내 이름을 불리는 일보다 아이 이름으로 불리는 일이 더 흔해졌다. 김미경의 책과 더불어 내게 꿈을 물어보던 책들을 통해서 나의 장점과 강점, 생각지도 못했던 꿈을 곁에 두게 됐다. 조금씩 꿈들을 이루어 가면서 이제는 나 혼자가 아닌 내 파트너들을 돕는 일이 꿈이 되고 있다. 헌책방에서 만난 《에너지 버스》의 운전기사 조이처럼 내 버스에 타는 사람들을 돕고 싶다. 에너지 뱀파이어들을 물리치고 에너지 가득 실은 나의 버스를 운영하고 싶다. 예전에 많이 만나던 지인들을 요즘엔 거의 만나지 못하고 있다. 시간이 맞지 않은 점도 있지만 에너지가 맞는 사람들만 만나게 되는 점도 있다. 만나서 내 에너지를 빼앗은 사람보다 각자의 에너지가 만나서 시너지를 이루는 사람에게 끌리는 것이다. 에너지 선순환이라고나 할까. 함께 글을 쓰는 작가님들, 독서모임 멤버들, 함께 일하는 파트너님들을 만나는 일은 에너지를 증가시키는 만남이다. 나를 찾는 사람들을 만나서 내 에너지를 나누어 주는 일도 행복하다. 단, 그가 에너지 뱀파이어만 아니면 된다.

꿈을 찾는 여정은 쉽지도 않고 어렵지도 않다. 내가 찾으려는 의지가 필요하고 나와의 대화가 필요하다. 나를 데리고 30년 넘게 살면서 나에 대해서 몰랐다는 점은 실로 놀랍다. 나를 알려고도 하지 않았고, 그런 나를 누가 탓하지도 않았다. 먹고 사는 일만 해결하면 잘 사는 거라 믿었고, 시간이 나면 아이들을 데리고 여가를 즐기고 SNS에 행복한 장면만 올리면서 과시했다. '나 이렇게 행복하게 잘 살아요.' 누구보다도 행복해보이는 유명인들이 갑자기 자살을 하면 '죽을 용기로 살겠다.'며 그의 선택을 비난하고 아무 일도 없었다는 듯이 살았다. 조금이라도 일찍 나를 만나서 참 다행이다. 이제는 중년에 맞이한다는 '빈둥지증후군'도 무섭지 않다. 내가 중년이 되면 또 다른 꿈을 가지고 살아갈 거니까. 그런 믿음이 생겨났다. 백그라운드가 빈약해서 내가 이렇게 살고 있다고 생각하며 살았다. 꿈도 사치고 그런 건 개나 줘버리라고 말하고 다녔다. 꿈이 있는 많은 사람들을 만나게 되니 그런 과거의 내가 안타까웠다. 지금도 내게 "너는 아이를 일찍 키워놔서 그렇지." 또는 "남편이 잘 도와주니까 그렇지."라고 말하는 지인들이 많다. 나의 과거를 보는 듯하다. 안타깝지만 스스로가 인식하지 못하면 안 된다. 자신을 만나는 방법을 알고 싶다면 먼저 책을 읽으라고 말해주고 싶다. 무수히 많은 책이 당신을 기다리고 있다.

나를 깨어준
도끼들

"남들 하는 건 다 해봐야 돼."

내 삶의 모토였다. '보통의 삶'을 사는 것이 잘 산다고 믿었고, 가만히 있으면 중간이라도 한다는 말을 자주 했다. 평균의 삶을 살아내는 것도 내 수준에서는 많은 노력이 필요했던 일이었다. 열심히 일하고 가끔 취미 생활하던 20대였고, 퇴근할 남편을 기다리던 30대의 아이 엄마였다. 다람쥐 쳇바퀴 돈다는 말은 내게 어울리는 말이었다. 매일 변화 없는 삶이었고 안정을 원했다. 한 번씩 해외여행이나 국내 유명 여행지는 꼭 한 번 가봐야 했다. 왜냐면 남들이 다들 하는 일이었으니까.

아이를 낳고 '육아'라는 새로운 세계를 맛보게 됐다. 내 삶에 없던 카테고리였고 새롭게 추가됐지만 강한 비중을 차지했다. 그곳에서 또 다른 '남들의 삶'을 만나게 됐다. 지금껏 내가 알던 '보통의 삶'을 아이에게까지 물려주고 싶진 않았다. 엄마라는 사람이 아이에게 '보통만 하면 된다'라고 말하는 것은 비겁해보이고 '엄마만큼 살면 돼'라는 말은 죽어도 하기 싫었다. 남을 쫓아가기만 하는 내 삶을 아이에게 물려주고 싶지 않은 마음이 커져 갔다. 어릴 때의 운은 부모의 운을 많이 따라간다고 하더라. 내 아이에게는 좋은 운을 주고 싶은 마음이다. 어떤 부모라도 그렇겠지만. 그렇기 위해서는 내가 내 운을 좋게 변화시켜야 했다. 내가 가진 유년시절의 운에 매달려 후회하고 안타까워하고 누구를 탓하는 모습보다는 내가 개척할 수 있는 나의 운으로 나를 만들어야 할 필요성이 생긴 것이다. 누구 때문에? 아이 때문에, 아니 아이 덕분에.

매번 이야기하지만 나는 아이 덕분에 책을 꾸준히 잡을 수 있었다. 학교의 과제였다면, 회사의 업무였다면 단기적으로만 읽고 끝날 일이었다. 아이는 내 곁을 최소 20년간 함께 있으니 장기 프로젝트와 같다. 20년을 잘 살아내려면 꾸준히 정보를 업그레이드해야 한다. 쌓여가는 정보 중에서 쓸 것은 쓰고 버릴 것은 버린다. 나와 아이에게 맞는 정보를 골라내는 눈도 필요하다. 그런 눈도 많이 해보니 조금씩 생기더라. 1만 시간의 법칙처럼 그만큼의 시간이 지속되면 연습량이 어마어마해지겠지. 결국 시행착오를 거치고 나는 아이의 나이만큼 새롭게 다시 커가고 있다. 곧 아이의 생일이 되면 꽉 찬 10년의 시간을 연습한 엄마가 되어 있을 거다. 나의 첫 연습상대가 되어준 첫째가 고맙고 한편으로는 미안한 마음이다.

나에게 책은 10년을 잘 버티게 해준 원동력이다. 어쩔 수 없이 책을 잡았지만, 이젠 아이와 함께 책을 읽는다. 아이는 재미있는 책이라며 자신이 읽는 책을 추천해주기도 한다. 엄마 생각이 나서 빌려왔다며 학교 도서관에서 책을 구해오기도 한다. 아직도 '육아'라는 카테고리는 새롭다. 매번 새로움의 연속이다. 그런 내게 더 큰 세상을 알게 해준 책들이 있다. 육아서나 여백이 많은 에세이를 많이 읽었던 내게 책은 더 큰 세상이었다. 베스트셀러는 피하고 싶은 경향이 많았다. 아웃사이더 기질이 있기도 하고, 사람들이 많이 선택해서 읽는 책에 올라타고 싶지 않았다. 요즘에는 베스트셀러에는 다 이유가 있을 거라 생각한다. 많은 사람이 찾는 이유가 있을 거고, 그게 시대상이라 생각한다. 베스트셀러를 보면 지금 우리 시대가 어떤 모습인지 알 수 있다. 물론 실패할 때도 많지만 요즘은 베스트셀러나 비베스트셀러를 가리지 않는다.

몇 년전 베스트셀러였던 채사장의 《지적 대화를 위한 넓고 얕은 지식》이라는 책을 읽었다. 줄여서 '지대넓얕'이라고 한다. 읽으면서 "이런 세상이 다 있어?", "우와, 우와", "아!"라는 감탄사를 남발하며 읽었다. 저자의 방대한 지식수준에 한 번 놀라고, 2권까지 이어지는 넓고 얕은 지식들에 대해 감탄했다. 평소에 생각지도 않은 부분이나 인식하지 못하고 삶 속에 녹아 있는 것들을 알아차릴 수 있게 만들어주는 책이다. 저자가 어떻게 이런 책을 써낼 수 있었는지 그의 강연을 많이 찾아보았다. 역시 답은 책이었다. 남자라면 군대를 가는 시기에 따라 그 전후로 휴학과 복학의 틈이 생기게 된다. 그 시기를 이용해서 단순히 할 일이 없어서 책을 읽었다고 했다. 그래도 그렇지 얼마나 많은 책을 읽어야 이런 책을 쓸 수 있어? 라는 생각이 계속 들었다. 그때 아마도 그런 느낌을 받았던 것 같다. 나도 종류를 가리지 않고 책을 읽어야겠다는 생각이.

내가 읽기에 편한 책만 읽었고, 쉬운 책만 읽으면서 권수만 채워 나가고 있던 건 아닌지 돌아보게 되었다. 제목을 보고 쉬울 것 같으면 읽었고, 어려울 것 같으면 넘겼다. 실제로 펼쳐보지 않았다면 읽으려는 생각을 못했을지도 모른다. 박경철의《자기혁명》도 그런 책이었다.

이 책은 두 번의 시도 끝에 읽은 책이다. 도서관에서 이 책을 서가에서 찾아보니 생각보다 두꺼웠다. 지레 겁먹어 포기하고 몇 달뒤 다시 찾았다. 읽기 시작하면서 진작 읽지 못한 것을 아쉬워했다. 역시 책은 펼쳐보고 읽어보고 씹어 먹어봐야 그 맛을 느끼게 되는 것을. 이 책에서는 내게 독서가 학습인지 오락인지 구별하라고 했다. 시간이 없다고 말하는 사람 중에 성공한 사람을 못 봤다 했고, 일의 본질을 들여다보기 위해 노력하는 사람이 되어야 한다고 말했다. 그렇지 않으면 상위 포식자들이 쳐놓은 프레임에 갇혀 '내가 없는 삶'이 된다고 했다. '남들의 삶'을 지향하던 내게 하는 말이었다. 또 한 번 나는 맞았다. 나를 깨지게 했다.

내가 무수히 많은 프레임에 갇혀 지낸다는 것은 최인철의《프레임》을 읽으면서 더 도드라졌다. 《자기혁명》처럼 읽을까 말까 고민한 책이었다. 제목이나 표지가 어려워 보인다는 이유에서였다. '생각보다 쉽다'는 후기를 듣고 읽기 시작했고, 내가 하는 독서모임 세 곳에서 모두 함께하게 되었다. 계속 읽고 싶고 소개하고 싶은 책이다.

일반적으로 가지고 있는 우리의 편견도 하나의 프레임이다. 우리 일상에서 흔히 겪는 프레임에 대한 이야기를 소개한다. 결국 우리가 어떤 프레임에 갇혀 있는지, 어떤 프레임을 쳐야 하는지 스스로 인식하도록 돕는다. 역사, 상황, 소비, 타인 등에 대한 프레임을 가지고 있는 나를 인식하고 지혜로운 사람이 되도록 돕는 책이다.

이런 책들이 모여서 계속 나를 흔들어 깨우고 있다. 읽을 때마다 사람들이 흔히 말하는 '돌깨는 소리'를 계속할 수밖에 없다. 내 머릿속의 돌이 정말 깨지는 중이기 때문이다.《책은 도끼다》의 저자 박웅현의 책들을 읽으면서 '프란츠 카프카'라는 사람을 알았다. "한 권의 책은 내면의 얼어붙은 바다를 깨부수는 도끼여야 한다."는 말을 했단다. 내 속을 훤히 들여다보는 말인 것 같다. 나는 계속 깨지는 중이다. 언젠가는 얼어붙은 바다에도 배가 다닐 수 있겠지,라는 심정으로.

타인의 기준을 나의 기준으로 삼고 지냈다. 그런 내게 책들은 도끼가 되어 그런 사고방식을 깨어주고 있다. 감사한 일이다. 한 명 한 명의 저자가 내게 와서 친절히 얘기해주는 듯하다. '너 자신을 찾아봐' 껍데기만 나로 살던 나, 누구의 딸과 아내, 엄마라는 이름 뒤로 숨으려고 했던 나. 타인의 눈으로 나를 바라보던 나. 이제는 점점 희미해져간다. 작은 점이 되어 사라질 때까지 나는 나를 찾으려한다. 사람으로 이 세상에 온 이유가 있을거다. 나는 그 이유를 만나기 위해 계속해서 도끼를 들겠다. 이제 겨우 조금 금이 갔나보다. 아직 멀었다. 내 내면의 얼어붙은 바다를 깨려면.

여자는 독서로
성장한다
READING

읽는 만큼 보인다

한 번 지나간 길은 웬만해서는 눈에 익어 기억을 한다. 물론 처음부터 끝까지 그 길을 기억하는 건 아니지만 지나가면서 어떤 특징이 있었는지, 어느 곳에서 왼쪽이나 오른쪽으로 방향을 꺾었는지, 그 정도는 기억한다. 20대 초반이었나, 조수석에 타고 가던 내게 지인이 말했다. "너 운전 안 하는데 이 정도면 운전하면 장난 아니겠다!" 초행길도 기억을 잘 한다며 해준 말이다. 모든 사람들이 다 그런 줄 알았다.

책을 읽으면서 알게 된 사실인데 내가 다른 사람보다 '공간지각능력'이 발달되어서 길을 잘 찾는 것이었다. 친한 친구도 길을 잘 찾는 편이라 우리 둘 이외의 사람들이 길눈이 그리 밝지 않은 것을 잘 모르고 있던 것도 이유였다. 내가 초행길을 지날 때 길을 잘 기억하는 방법은 별게 없다. 지나는 풍경의 특징을 살피는 것이다. '여기에 편의점이 있네, 저 집의 지붕은 특이하네, 여기 다리가 있네, 공장 간판이 있구나.' 이런 식으로 지나는 풍경의 특징을 살펴다보면 그 길을 되돌아갈 때 도움이 된다. '이쯤에서 편의점이 있었어.' 또는 '이쪽에 큰 나무가 있었지.' 그렇게 찾아가면 초행길도 익숙한 풍경으로 바뀐다. 내가 이미 알고 있기 때문에 그 길이 익숙한 길이 된다.

아이들이 즐겨보는 프로그램에서 재밌는 에피소드가 있었다. '무서운 이야기, 엄마편'이라는 제목. 아이들이 서랍에서 원하는 옷을 찾고 있지만 아무리 찾아도 없어 서랍이 난장판이 됐다. 자포자기한 심정으로 "엄마!!" 하고 부르니 엄마가 와서 한 번에 딱 찾아주고 간다. 허탈해하는 아이의 표정. 아이는 부분을 보지만 엄마는 전체를 보는 눈이 있다. 집안 살림에 대한 흐름을 알고 있으니 전체를 본다.

길눈이 밝은 사람이나 살림을 하는 엄마에게는 보인다. 알고 있으니 보인다. 하굣길 많은 아이들 사이에서 내 아이만 눈에 들어오는 것과 같다. 내 아이니까 한 눈에 들어온다.

독서를 하면서 얻게 되는 것 중 하나는 나를 알게 되고 세상을 보는 눈이 넓어진다는 것이다. 하지만 제일 무서운 사람은 한 권만 읽은 사람이라는 말도 있다. 한 권의 식견으로 모든 일을 말한다는 것이다. 아예 안 읽은 사람보다 한 권의 책으로 말하는 사람은 주의해야 한다. 책을 읽으면 읽을수록 부족한 점이 많고, 세상에는 내가 모르는 이야기가 바닷물보다 많다. 하나의 전문분야에 집중해서 책을 많이 읽었다고 해도 전부가 아니다. 육아에 관련된 책을 많이 읽었다고 아이에 대해서 다 안다고 할 수 없다. 사람에 대한, 인간에 대한 지식이 필요할 수도 있고 사회에 대한 이야기를 들을 필요도 있다. 커피를 좋아해서 커피에 관련된 책만 읽고 정보를 받아들이다가 베이커리에 눈을 돌릴 수 있다. 그것만이 끝이 아니다. 가게 창업에 관련된 책을 읽을 수 있고, 사업 운영에 대한 책이 필요할 수 있다. 손님을 대하는 일이 곧 사람과의 관계이니, 인간관계에 대한 책도 필요하겠다. 결국 '한 권'이라는 프레임에 갇혀 '나는 한 권 이상 읽었는데?'라는 생각을 버릴 필요가 있다.

내가 읽은 책의 권수만큼 식견을 가진다면 나는 몇 권의 식견을 가졌을까? 책을 좋아하니 블로그 이웃도 비슷한 관심을 가진 사람이 많다. 그 중에 다독가도 많다. 독서를 하는 사람들 사이에는 '백 일 백 권 읽기' 등의 프로젝트를 하는 사람도 많다. 그런 사람들을 보면서 괜히 주눅들었다. 프로젝트 성공담을 읽을 때면 내 지식이 부족할 것 같고 나만 안 되는 것 같았다. 속독을 가르쳐주는 곳도 많지만 그렇게까지 책을 읽어내고 싶진 않다. 내 속도로 꾸준히 읽는 쪽을 선택했다. 1년에 100권을 목표로 읽으면 100권 전후가 될 텐데 아니라도 성공이고 넘어도 성공이다. 100권이 안 되어도 안 읽은 것은 아니니까. 매년 100권은 읽어내지 못하지만 한 번 뒤적인 책까지 포함하면 비슷하겠다. 필요할 때마다 꺼내보는 얇은 건강책까지 포함하면 넘으려나.

책을 내 속도대로 읽고, 관심있는 부분부터 읽었다. 한 분야에 있어서는 깊이 내려가기도 했다. 그걸 T자형 독서라고도 부르더라. 그렇게 읽어가니 매직아이처럼 글자가 눈에 띄기 시작했다. 많은 것을 알고 유식하게도 보이고 싶지만 아직은 많이 부족함을 느낀다.

몇 년 전부터 클래식 음악과 미술작품에 관심이 생겼다. 음악을 들어도 무슨 음악인지 모르겠고, 그저 배경음악으로 나오는 정도로만 느꼈다. 미술작품을 봐도 누구의 작품인지 제목은 뭔지도 몰랐다. 꼭 알아야하는 것은 아니지만 모르니까 알고 싶어졌다. 어떤 책부터 읽어야할지 몰라 곰브리치의 《서양미술사》를 구입했다. 인터넷으로 주문을 하는 바람에 그렇게 두꺼운 책인지 몰랐다. 교과서 같은 느낌의 그 책은 볼 엄두가 나지 않았다.

생각을 바꿔 아이들이 보는 책을 찾았다. 아이도 나도 같이 볼 수 있겠다는 계산을 하면서. 20권짜리 미술 전집을 샀다. 20명 화가의 여러 작품을 아이들 수준으로 설명해놓고, 제일 뒷장에는 부모 가이드까지 있으니 금상첨화다. 그렇게 눈에 그림을 익숙하게 만들었다. 박웅현의 《책은 도끼다》에 소개된 《시대를 훔친 미술》이라는 책이 있다. 그 책에 대해 소개한 것을 한 번 읽어보니 흥미가 생겨 그 책을 구입했다. 곰브리치의 《서양미술사》보다 훨씬 이해하기 쉬운 책이었다. 내게 맞는 미술책에 목말랐던 내게 단비같은 책이었다.

최근에는 더 쉽고 재밌는 책을 찾았다. 《방구석 미술관》이라는 책이다. 미술 전공자가 아닌 저자가 혼자서 미술 전반을 공부하고 대중에게 쉽게 이야기해준 팟캐스트 방송을 책으로 엮은 것이다. 전공자가 아닌 일반인의 눈으로 이야기하는 것이라 더 쉽게 다가왔다. 아, 이렇게도 가능하구나. 하나의 취미가 전공이 되는 일도 책으로 가능하다. 내가 있는 지역에서 곧 고흐 전시가 열린다. 아이들의 체험공간도 마련되어 있다고 해 함께 갈 예정이다. 아이들보다 내가 더 설렌다. 이전의 나는 미술관에 가도 차창 밖의 풍경을 감상하듯 했다. 1년에 수차례 미술관을 다녔지만 항상 같은 느낌이었다. 그림은 물론이거니와 공간 미술이나 영상 미술도 이해할 수 없었다. 예술은 어렵다며 애써 위로하면서 지적인 삶을 사는 것처럼 미술관을 다녔다. 이번 전시 전에는 고흐에 대한 책을 좀 더 보고 가야겠다. 내가 본 만큼 보일 거라 믿는다. 도슨트의 도움도 받아야겠다.

독서 초창기때는 표지부터 뒷표지까지 꼼꼼하게 읽었다. 뒷날개에 소개된 책까지 찾아보고 읽었다. 이제는 숲을 보려고 한다. 나무 하나, 하나 보는 것도 나쁘지 않지만 크게 보진 못했다. 1인칭에서 3인칭으로 보려고 한다. 치열하게 아이를 키우는 엄마로 살다보니 아이가 자라고 조금 떨어져서 살펴보는 엄마가 되었다. 독서도 한 그루 나무만 보다가 숲을 볼 수 있을 거라 믿는다. 다독과 속독의 프레임에서 벗어나 내 속도로 내 숲을 가꾸어나가려고 한다. 숲이 빈약할지, 한 부분만 무성할지 모른다. 숲을 가꾸는 일은 평생 해야 할 일이기에 서두르지 않으려고 한다. '저 숲지기는 멘토로 삼고 싶어.'라고 불리는 것이 제일 바라는 일이다. 내 곁에서 함께 당신만의 숲을 가꾸실 분, 곳곳에 계실 거라 믿는다.

여자(엄마)가 읽어야
세상이 바뀐다

　현재 살고 있는 가정에서 나의 역할은 다양하다. 가정을 이루는 가장 기본인 부부 중 아내의 역할부터 아이들의 엄마이다. 가족의 건강과 먹거리를 대부분 책임지고 있고, 가정의 전반을 돌보고 있다. 딸로 태어난 나는 아내와 엄마, 며느리이고 주부이자 워킹맘이라고 불린다. 내 가정의 문제는 곧 사회의 문제가 됨을 알고 있다. 문제아는 없지만 문제 부모는 있다는 말이 있다. 학교나 사회에서 문제를 일으키는 아이들 뒤편에는 그렇게 만든 부모가 분명 있다. '가화만사성(家和萬事成)'이 가훈이라며 숙제 발표를 하는 친구들이 셀 수 없었다. 한자어 그대로 집이 화목하면 모든 일이 잘 이루어진다는 뜻이다. 나도 이 말을 믿는다. 가정이 바로 서야 나라가 바로 선다.

　거창하게 '나라'까지 운운했지만 사실이다. 가정을 구성하는 구성원이 다양하고 각자 역할이 중요하지만 특히 엄마의 역할은 다 말할 수 없다. 요즘이야 남녀평등하게 집안일을 한다고 하지만 그래도 남자(아빠)의 역할은 집안일을 '도와준다'에서 그친다. 자신의 역할이라 고정하지 않고 아내가 하는 일을 '도와주는' 거다. 쓰레기 버리는 것도 '도와주는' 일이고, 아이를 돌보는 일도 '도와주는' 일이다. 그나마 '잘 도와주면' 아내의 일이 많이 줄어든다. 2019년 육아정책연구소의 '행복한 육아문화 정착을 위한 KICCE 육아정책' 여론조사에 따르면, 맞벌이 가정에서 여성의 집안일 비율이 남성에 비해 2배 이상 높은 것으로 나타났다.

이렇게 가정에서 엄마의 영향은 실로 대단하다. 가정 경영에서부터 아이 양육까지 엄마의 입김이 들어가지 않는 곳을 찾아보기 힘들다. 그러기에 여자, 특히 엄마라면 삶의 지표가 되는 책을 손에 들어야한다. 신사임당은 율곡의 어머니로 유명했다. 요즘 아이들은 5만 원의 인물로만 알지도 모르겠다. 5만 원 신권이 등장할 때 많은 여성 인물이 후보에 올랐지만 결국 한 집안에서 두 명이나 화폐 주인공이 되는 경사가 일어났다. 아들은 5천 원에 엄마는 5만 원에. 현모양처라는 여자의 모습을 강조하는 것 아니냐며 반대하는 사람들도 많았다.

그것은 신사임당의 진짜 모습을 보지 못한 말이다. 양반집에서 태어나 아버지의 사랑을 듬뿍 받고 자란 그녀는 결혼을 했지만 친정에 계속 머물렀다. 아들이 없는 집에서 아들 같은 역할을 하는 딸이었기 때문이다. 강릉 친정에서 시가가 있는 서울로 남편의 과거 뒷바라지를 위해서 갈 수밖에 없었고, 그때 고개를 넘으며 지은 시는 유명하다. 요즘에는 신사임당을 자기계발을 열심히 했던 여인으로 보는 시각이 많다. 그림과 시와 글에 능했고, 아이들 교육을 모두 맡아했으며, 새벽 동이 트기 전에 항상 글을 읽었다. 아이들이 글을 읽을 때에도 함께 글을 읽는 어머니였다. 자녀들은 모두 그녀의 영향을 받아 그림과 글에 능했다. 그 중 셋째였던 율곡 이이를 모르는 사람은 없으리라. 만약 신사임당이 현대의 인물이라면 어떤 여성이 되었을까 생각해본다. 김미경이나 박혜란 선생님? 누구라고 콕 집을 순 없지만 자기계발도 소홀히 하지 않으면서 남편 내조도 잘 하고, 남편의 조언자 역할을 하며 아이들의 교육도 맡아서 하는 흔들림 없는 아내이자 엄마임은 틀림없겠다.

신사임당이 살았던 조선시대보다 21세기를 살고 있는 지금, 신경 쓸 부분이 더 많다. 그런 점에서 가정을 이루는 엄마가 중심을 갖지 못한다면 이보다 더 큰일은 없다. 조금 더 나아가 나라를 망쳐버린 대통령도 있다. 책 읽는 사람은 올바른 판단을 한다. 제대로 읽지 않고 세상을 엉망으로 만들어버린 대통령처럼 엄마도 제대로 읽지 않으면 가정을 엉망으로 만들 수 있다. 박영선 중소벤처기업부 장관은 취임 후 독서토론을 제안했다. 장관의 첫 행보가 독서토론이라니, 선정된 책도 궁금하고 그 취지도 궁금했다. 독서토론으로 자유로운 의견을 듣고 함께 성장하는 삶, 성장하는 나라를 위하자는 뜻이었다. 세종이 신하들과 독서토론을 즐겨했던 것과도 그 뜻이 같다.

아이를 낳고 보니 새로운 세상이었다. 어떻게 키울까, 고민하면서 알게 된 '책 육아' 말 그대로 책으로 아이를 키운다는 의미였다. 아이에게 책을 풍부하게 읽히면서 스스로 한글을 떼고, 읽기 독립도 되고, 결국 독서로 모든 교육을 해결하는 느낌이었다. 처음에는 알록달록하게 잘 꽂혀진 전집 책장 앞에서 책을 읽는 모습의 아이 사진에 혹 했다. '우리 아이도 저런 모습을 연출할 수 있겠지'라는 생각도 했다. 책 육아의 겉모습만 본 것이었다. 사실 진정한 책육아는 '엄마의 독서'가 기본이라고 말하는 사람들이 이젠 많다. 엄마가 책을 읽지도 않으면서 아이에게만 책을 읽히는 것은 아이에게 큰 고통이 될 수 있다. 그저 자신의 한을 아이를 통해서 푸는 일이라고만 생각될 뿐이다. 독서가 또 다른 사교육의 하나로 여겨지는 일이다. 독서는 평생 해야 할 일이기에 즐겁고 재밌어야 한다. 엄마와 아이가 함께하는 놀이처럼 되어야 한다. 그럼 엄마도 아이도 함께 성장할 수 있다.

도서관에서 발견한 좋은 책들이 많다. 어느 날 만난 《아깝다 영어 헛고생》이라는 책은 내게 '엄마표 영어'에 대해 집착하지 않게 해줬다. 영어 때문에 아이와 싸우지 않게 도와준 이 책은 '사교육걱정없는세상'이라는 비영리 사회단체에서 출간된 책이다. 이곳에서는 부모교육과 우리나라 교육에 관련된 사회운동을 한다. 좋은 강사들로 구성된 강의를 인터넷으로 듣고 책을 읽었다. 이곳의 많은 부모들이 우리나라 교육에 관련된 활동을 하는 것도 알게 됐다. 우리 아이들의 미래가 어둡지 않게, 모든 아이들이 교육이라는 기회를 받을 수 있게 돕는 곳이다.

최근 화제가 되었던 자사고(자율형 사립 고등학교) 지정과 취소 문제도 많은 부모들, 특히 엄마들이 나섰다. 모든 아이들이 평등한 기회를 가져야 한다는 쪽과 어차피 일반고나 자사고나 사교육 받는 것은 같았다며 내 아이가 특별히 들어간 자사고를 유지해야 된다는 쪽이 대립했다. 결국 일부는 살아남고 일부는 일반고로 전환됐다. 그 과정을 보면서 무엇이 옳은 것인지 생각했다. 아직 내 아이가 입시를 생각할 나이는 아니지만 이런 선례들이 남아 우리 아이에게까지 영향이 갈 것이다. 사교육 걱정 없는 세상을 바라는 쪽은 말 그대로 사교육 때문에 걱정할 일을 만들지 말자, 아이가 원하는, 필요한 사교육만 하자는 의미다. 그 반대 아니 지금 입시세상은 사교육 때문에 걱정할 일이 많다는 뜻이기도 하다.

이런 단체와 이번 자사고 사건을 보면서 나는 어떤 방향을 잡아야 할지 생각이 많아졌다. 결국 나의 중심이 필요하다는 결론이다. 그 결론을 유지하기 위해서는 계속 읽고 또 읽어야겠다는 생각이다. 모든 부모가 자식이 잘 되는 쪽을 위하는 것은 똑같다. 대신 그릇된 부모는 잘못된 쪽으로 자식을 이끌 위험이 있다. 부모가 바로 서야 한다. 자식을 낭떠러지로 끌어가는 것을 부모가 모른다면 얼마나 위험한 일인가.

책을 읽는 사람은 올바른 판단을 한다. 내가 바로 서면 가정이 바로서고, 각 가정이 바로 서면 이 도시와 나라가 바로 선다. '내가 뭐 책 한 권 읽고 바뀌겠어?' 자신을 과소평가하지 말자. 꾸준히 읽는 것이 힘들다면 독서모임에 나가서 약간의 강제성을 받아도 된다. 한 달에 두 권만 읽어도 1년이면 24권이다. 한 권도 제대로 읽지 못하던 사람이 24권을 읽고 토론까지 한다면 그 효과는 어마어마해진다. 책 읽기에 성별 구별은 없지만 여자, 특히 엄마가 책을 읽는다면 그 영향은 몇 배의 효과를 볼 수 있다.

멋있는 여자가 되고 싶다면, 현명한 아내, 지혜로운 엄마가 되고 싶다면 지금 바로 책을 펴자. 그 책이 나를 신데렐라를 공주로 변신시켜준 요정 할머니가 될 것이다. 옆에 있던 남편이 그동안 몰랐던 왕자님이었을지 또 모른다. 그렇다면 더 금상첨화이고.

책 품은 여자가
아름답다

　도서관에 대한 나의 기억은 여러 가지다. 중학생이 되면서 도서관 열람실을 이용할 수 있게 됐고, 시험기간만 되면 친구들과 근처 도서관에 자리를 잡으러 갔다. 새벽같이 줄을 서서 자리표를 받아야 할 때도 있었고, 친구 자리를 맞춰놓고 기다린 적도 있었다. 무엇보다도 도서관에서의 재미는 열람실 밖이었다. 지하에 있는 식당에서 점심을 먹는 재미도 있고, 옥상에서의 티타임도 재미였다. 도서관에 있는 사실만으로도 공부를 엄청 많이 하는 느낌이었고 즐거웠다. 또 하나의 재미는 당시 2층에 있었던 자료실이었다. 잡지류만 모아놓은 곳이었는데 그곳에서만 볼 수 있었던 일본 잡지가 있었다. 90년대 중반만 해도 일본 문화가 개방되지 않았다. 지금처럼 원한다고 쉽게 살 수 있는 일본 물건이 거의 없었다. 어쩌다가 알게 된 일본 가수들을 볼 통로가 도서관에 있던 것이다. 부모님의 신뢰를 받으며 도서관에 공부하러 가서 일본 잡지를 보는 재미가 쏠쏠했다. 일본어를 몰라도 상관없었다. 몇 개월치 쌓여 있는 잡지를 보는 일만 해도 시간은 잘 흘러갔다.

아이를 임신하고 공식적인 백수가 됐다. 친구들도 만나고 밀린 집안일도 했다. 할 일이 점점 없어지고 혼자 있는 시간동안 TV만 보는 것도 한계가 있었다. 그때 운동 삼아 걸어갔던 곳이 도서관이다. 다행히 집에서 도서관이 가까웠다. 10분 정도 걸어가면 도서관이 있었고, 읽고 싶은 책을 빌려 봤다. 만삭이 되어서는 책을 빌려오다가 길가에 있는 벤치에 앉아 한참을 읽기도 했다. 간간히 읽었던 책들은 아이를 키우면서 더 절실해졌고, 도서관은 정기적으로 다니는 곳이 됐다. 살기 위해서.

아이가 조금 자라다보니 늘 가던 도서관에서도 '어린이 열람실'이라는 새로운 곳을 개척했다. 말 그대로 새로운 곳이었다. 아이들이 자유롭게 다니면서 책을 뽑아서 읽는 모습, 책 읽어주는 방에서는 엄마, 아빠가 아이에게 마음껏 책을 읽어주는 모습이 좋았다. 도서관 열람실 중 가장 시끄러운 곳이지만 아이들의 에너지를 받을 수 있는 곳이다. 어떤 도서관은 어린이 열람실도 조용히 해야 된다고 해서 가기 싫어진 곳도 있다. 책 읽어주는 소리를 소음으로 여기는 곳은 굳이 갈 필요가 없다고 생각한다. 집 근처도 아니니 그곳은 이제 패스다.

도서관을 다니다보면 책을 읽는 사람들은 거의 아이 엄마들이다. 아이도 책을 읽히고 그 옆에서 자신도 책을 읽는 엄마들이 많다. 도서관에 오는 젊은 사람들은 대부분 그런 부모가 아니면 공시생들이다. 시험을 위해서 뭔가를 외우고 있거나 두꺼운 책을 공부하는 모습이다. 미래를 위해 1분 1초도 아까운 시간에 다른 책을 읽는 일은 시간낭비겠지만 많은 도서관 열람실, 독서실 등에서 공부하는 젊은 친구들은 보면 짠한 마음이 먼저다. 카페에 가보아도 책 읽는 사람은 거의 없다. 둘 이상 만나면 대화를 주로 하기 때문에 혼자 앉아서 책 읽는 사람은 찾아보기 힘들다. 버스나 지하철도 마찬가지다. 지금 일하는 곳에서도 기다리면서 책 읽는 환자를 딱 한 명 봤을 뿐이다. 그래선지 어디를 가든지 책 읽는 사람을 보면 말 걸고 싶어진다. '지금 무슨 책 읽으세요?'하고.

책을 가지고 있는 행위는 뭔가 지적으로 보이는 일이다. 예전에 일하던 곳에서 책 읽고 있는 모습을 연출해서 찍은 적이 있다. "우리는 지적인 여자들이야."라고 우스갯소리를 하면서 찍었던 기억도 난다. 당시 동료들은 책을 자주 읽는 편이어서 지금도 각자 있는 곳에서 책을 읽으실거라 생각한다. 직장을 옮겨서 책을 읽으면 "오~ 책 읽네?"라는 말을 먼저 듣는다. 책 읽는 일이 대단한 일 같이 느껴진다. 사실 책은 펴기만 하면 되는 일인데도 사람들이 잘 그러지 못하는 편이다. 도서관이나 서점의 높은 곳에서 책을 꺼내려는 여자와 그걸 꺼내주는 남자의 로맨스도 생각나고, 두꺼운 전공책을 들고 다니는 대학생도 생각난다. 둘 다 그림은 좋으나 로맨스는 일어날 확률이 드물고, 두꺼운 전공책은 무거워서 힘이 든다. 이제 그렇게 무겁게 들고 다닐 필요가 없다. 내가 읽고 싶은 책만 있으면 된다.

얼마전 병원에서 진료를 보려고 대기할 일이 있었다. 미리 준비한 얇은 건강책을 읽었다. 금방 읽히는 책이다. 사람들은 대부분 대기실의 TV를 보거나 스마트폰을 보고 있고 아니면 멍하게 자신의 차례를 기다리고 있었다. 책은 그럴 때 읽는 거다. 아무 활동도 할 수 없는 그 시간이 책 읽기에는 가장 적합한 시간이다.

첫째 아이가 어렸을 때, 도서관에서 '책 읽는 가족의 모습'이라는 주제로 사진공모전이 열렸다. 당시 아이가 그림책을 무한 반복해서 읽던 시기였다. 한 권의 그림책을 무한 반복하면서 항상 같은 부분에서 아이는 깔깔깔 넘어갔다. 그 모습을 사진으로 찍어 응모했더니 당첨이 됐다. 사진을 크게 인화해서 도서관에 전시도 하고 상품으로 문화상품권도 받았다. 아이들이 책 읽는 모습은 어른보다 예쁘다. 근처에 있는 대형서점에 가면 아이들이 동화책 코너에 앉아 책 읽고 있는 모습을 본다. 그 모습이 참 예쁘다. 다른 어른들도 책 읽는 모습이 보기 좋지만 아이들은 더 예뻐 보인다. 그렇게 읽고 구입까지 한다면 서점에서는 더 예뻐 보이겠지만.

예전에 약속이 깨지고 시간이 남아 카페에 들린 적이 있다. 넓은 테이블에 앉아 커피 한 잔을 시켜놓고 책을 읽고 있었다. 그런 혼자만의 시간을 참 좋아한다. 그렇게 좋은 분위기에 책을 읽고 있는데, 한 무리가 스터디 룸에서 나와서 나가더라. 그 중 두 명이 다시 카페에 들어오길래 그러려니 하고 있었는데, 내 쪽으로 오는 게 아닌가. 말을 걸어 고개를 들어보니 "책 읽는 모습이 너무 아름다우셔서 눈에 띄네요."라며 명함을 한 장 준다. 자신들은 독서모임을 하고 있고 스피치 모임도 하고 있다며 관심 있으면 연락을 달라신다. 그렇게 그분들이 가고 명함을 보면서 약간 '이거 뭐지?'라는 생각이 들었다. 장사꾼 같은 느낌은 아니었는데, 종교모임인가? 의심도 했다. 카페 사장에게 물어보니 자세한 건 모르겠지만 매주 와서 독서모임을 한다고 했다. 나도 하고 있는 독서모임이 있어서 연락하진 않았지만 새롭고 엉뚱한 경험이었다. 뭐 말이라도 책 읽는 모습이 아름답다고 해주셔서 감사하다.

책이 좋아서 사서일은 어떨까? 생각해보고 북아트를 맛보기도 했다. 서점은 어떨지, 북카페는 돈이 될까? 생각도 했다. 독서지도사는 어떨까, 작가는 어떨까? 라는 생각이 꼬리에 꼬리를 물었었다. 결론은 책 읽는 일이 돈을 버는 일이 된다면 싫어질 수도 있겠다는 생각이 먼저였다. 돈을 아주 많이 번다면 여유 있을 수 있겠지만, 그냥 저냥 밥벌이 정도 하면서 책이 수단이 된다면 그것만큼 힘들어지는 일은 또 없을 거라 생각이 들었다. 북아트는 특강으로 몇 번 들으면서 실습했고, 작가는 지금 글을 쓰고 있으니 이루고 있는 중이다. 서점보다 북카페는 미래에 한번 해보고 싶은 일이다. 책 좋아하는 사람이 모이는 장소를 만드는 것이 새로운 꿈 리스트에 들어갔다. 결국 답은 책이었다. 기본으로 돌아가 내가 책을 좋아하는 일이 곧 내가 제일 잘 하는 일이더라. 책 읽는 모습을 아이들에게 계속 보여주는 일, 독서모임을 하면서 책을 나누는 일, 독서를 하자고 이렇게 글을 쓰는 일. 당장 효과가 나타나지도 않고 큰 돈이 되는 일은 아니지만 가장 꾸준히 하고 있는 일들이다. 그런 일을 통해 먼저 내가 성장하고 있다는 것을 내가 느낀다. 독서모임에서 어떤 책을 읽을지 고민하고 읽을 때도 구절구절 눈여겨 본다. 내가 줄 수 있는 것보다 얻는 것이 많은 일이지만 중요한 것은 내가 좋아하는 일이더라. 좋아하고 즐기니 잘하게 되고, 결국 그 모습이 아름다워지는 것이 아닐까.

오늘도 나는
책을 읽는다

　누군가를 만날 때 첫인상을 좋게 만드는 것은 중요하다. 첫 이미지를 만드는 것도 마찬가지다. 내가 어떤 이미지를 가질 것인지는 순전히 내 몫이다.

　몇 달 전, 다시 직장에 들어가게 됐다. 일의 특성상 환자가 없을 때나 일하는 짬짬이 시간이 남는다. 물론 짧은 치료 대기시간이지만 많이 바쁜 시간이 아니면 앉아서 무언가를 할 수 있는 시간이다. 일을 시작하기로 마음먹고 제일 먼저 생각났던 일은, 그런 자투리 시간에 책을 많이 읽어야겠다는 것이었다. 어느 병원이나 치료실에 가보아도 요즘은 스마트폰을 많이 하고 있다. 필요한 일이 있으면 얼마든지 볼 수 있지만 할 일이 없어서 인터넷 서핑만 하고 있을 때도 많다. 그걸 알기에 그 시간이 얼마나 소중한지 생각하고 첫날부터 책을 준비했다. 읽고 싶은 책을 퇴근 시간까지 읽지 못한다는 것은 참 힘든 일이다. 근무시간이 너무 바쁘다면 점심시간에 읽으면 되겠다는 생각으로 매일 책을 들고 다녔다. 어느 정도 돌아가는 시스템을 파악하고 짬짬이 보는 책은 내 자리에 두고 다녔다. 근무 중시 1~2분 정도 짬이 나면 책을 펴고 읽던 부분을 찾아서 다시 집중하기가 힘들기도 했다. 목도 아프던 찰나, 괜찮은 독서대를 추천받아 두 개를 구입했다. 하나는 집에서, 하나는 병원에서. 읽던 페이지를 고정시켜 놓으니 왔다갔다하면서 눈으로 얼른 읽던 곳을 찾아 읽을 수 있어서 시간이 더 절약됐다. 한 문장을 읽다가 일어나야 해도 괜찮았다. 오, 독서대의 진정한 가치를 발견하는 순간이었다.

그렇게 내 자리에는 몇 권의 책과 독서대가 항상 자리하고 있다. 내가 있든 없든 내 자리를 지켜주고 있는 그것들은 나를 '독서마니아'로 이미지를 잡아준다. 새로운 곳에서 내 이미지를 잡아가는 일은 오롯이 나의 몫이다. 특히나 책을 읽는 일은 쑥스러워 못하는 경우도 많은데, 스마트폰을 보는 것처럼 가볍게 생각하면 쉽다. 이제 출근 후 나의 유일한 낙은 오늘의 책을 읽는 일이다. 새로운 책을 가져가면 새로운 맛에, 어제 읽던 책을 다시 펼칠 땐 어제의 여운과 오늘의 기대감이 함께한다. 좋은 책을 추천받기도 하고 내가 추천해주기도 한다. 책으로 새로운 관계가 형성되는 일이기도 하다.

언젠가부터 매일 책을 읽기 시작했다. 그 시점이 언제부터인지 기억할 수 없다. 그냥 물 흐르듯이, 숨을 쉬듯이 시작했기 때문이다. 내가 책을 읽는 이유는 다양하다. 모르는 것을 알기 위한 공부, 재미있어서 읽는 유희의 활동, 자주 읽다보니 취미가 되었고 생활이 되었다. 온라인 서점에서는 내게 VIP라고 하고 헌책방에서는 단골이라고 한다. 도서관은 내 책을 맡겨놓은 곳 같다. 언제든지 가서 가지고 올 수 있는 도서관은 내 서재다. 작은 도서관은 책이 깨끗해서 좋고, 그마저 원하는 책이 없을 땐 아이들 학교 도서관에서 빌려온다. 교사와 학부모 대상으로 빌려주는 책들이라 이용수가 많지 않아 여유 있고 깨끗하다. 읽고 싶은 책을 여기저기서 알아보고 찾아서 읽는 일이 귀찮지 않다. 그저 보물을 발견하는 기분이다. 매일 책을 읽는 일도 책에서 보물을 발견하는 일이다. 나의 삶에 도움이 되는 보물, 나를 돌아보게 만드는 보물, 책을 읽는 사람들에게서 발견하는 인생의 공부가 되는 보물.

이런 보물들은 내 삶에 충격적인 영향을 끼치지 않는다. 그저 소소하게 조금씩 내 삶이 변하는 일이 된다. 물론 누군가는 큰 충격요법이 자신에게 맞을 수도 있다. 크든 작든 영향을 준다는 것이 중요하다. 가랑비에 옷이 젖듯이 내게는 책이 내 삶을 조금씩 적시고 있다.

일하면서 책을 읽다보면 시간이 많을 때 하는 독서보다 바쁠 때 하는 독서가 맛있다. 학창시절 시험기간만 되면 책을 읽고 싶어졌다. 특히나 소설은 최악이다. 시간 잡아먹기에 딱 좋기 때문이다. 너무 재밌어서 손에서 놓을 수 없는 소설은 시험기간엔 절대 금지다. 일할 때도 마찬가지다. 틈틈이 읽다가 점심시간에 쉬지도 못하고 다 읽어버리는 책도 있다. 가끔 그런 책은 일부러 뒤를 남겨두기도 한다. 다 읽어버리기 아까워서. 예전에 어떤 개그맨이 맛있는 것을 먹으면서 그게 없어지는 게 슬퍼서 운다는 개그를 한 적이 있었는데 딱 그 말과 같다. 다 읽어버리기 아까워서 아쉬운 책. 그런 책을 만나면 책이 맛있고 얼른 다 먹을까봐 아깝다.

아이를 키우면서 블로그를 많이 찾아다녔다. 당시의 목적은 어떤 책 육아를 하고 있는지 알아보려는 의도였다. 영어도 마찬가지였다. 엄마표 교육을 하는 사람이 운영하는 블로그를 찾아보고 나도 그렇게 해볼 목적이었다. 블로그뿐만 아니라 카페도 많이 가입을 했는데, 결국 지금 남은 이웃들은 모두 엄마가 독서가이다. 아이의 독서만 지도하는 것이 아니라 엄마도 함께 책을 읽으며 왜 이런 엄마표 교육을 해야 하는지, 아이의 행복을 위하는 길은 무엇인지, 생각을 잊지 않게 된다. 무작정 보여주기 식이나 아이에게만 하는 일방적인 교육이 아니라 엄마도 배워가며 인생을 공부하며 함께 걸어가는 식이다. 그렇게 영향을 받은 블로그 이웃들과는 여전히 이웃이다. 아이가 어릴 때부터 함께 했으니 다들 5년 이상은 된 것 같다. 연락을 주고받으며 '우리 만난 지 몇 주년이야~'라는 자축은 하진 않지만 마음 한 곳을 차지하고 있는 육아동지들이다. 이제는 그런 육아동지뿐만 아니라 독서동지들도 많아졌다. 책에 대한 내용을 찾다가 이웃을 맺은 분들이 점점 늘어난다. 그런 분들 덕분에 몰랐던 책이나 좋은 책을 추천받을 수 있다. 그렇게 내 독서의 범위가 늘어나고 있고 내가 관심 없던 분야의 책도 만나게 된다. 혼자서 책을 읽었다면 좋아하는 책만 읽었을 텐데, 참 감사한 일이다.

책을 읽고 있다는 이야기가 흐르다보니 주변에서 책 협찬을 해주기도 한다. 물론 대부분이 자신이 못 읽어내는 책을 주는 경우가 많지만 읽어보니 참 좋다며 책을 주는 경우도 있다. 서로 바꿔보는 경우도 있고, 블로그때문인지 출판사에서 홍보용으로 책을 주겠다고 메일이 오기도 한다. 어떤 번역가님은 내 블로그에서 자신이 번역한 책의 후기를 보고 반가워서 자신의 다른 번역 책을 보내주시기도 했다. 책 선물을 주기도 하고 받기도 한다. 내 기억으로는 중학생이었던 90년대 중반까지는 책 선물을 하는 사람이 많았다. 90년대 후반으로 넘어가면서 전자기기의 보급이 많아지고 인터넷 시대가 되었다. 그 즈음부터 책을 주고받는 일이 드물어진 것 같다. 이제 다시 내 주변의 사람들이 바뀌었고 그들과 함께하면서 책을 주고받는 일이 살아나고 있다. 책장에 꽂혀 있는 책을 보는 것만 해도 좋은 에너지를 얻을 수 있다. 자꾸 보다보면 책이 얼른 읽어달라고 말을 걸기도 한다. 그럴 때 책에 손이 간다면 성공이다.

가끔 점심시간을 이용해서 도서관에 책을 구하러 다닌다. 주로 작은 도서관에 원하는 책이 있을 때다. 점심을 먹고 작은 도서관까지 갔다가 오면 점심시간은 훌쩍 지나버린다. 잠시 쉬지도 못하고 다시 근무시간이다. 그럼에도 아이들이 읽고 싶은 책을 얼른 빌려다주고 싶고, 내가 원하는 책을 하루빨리 읽고 싶다. 점심시간에 쉬지 못해도 빌려온 책을 보면 뿌듯하다. 잠깐의 피로는 커피 한잔에 날려버린다. 책 한 권을 통해 그 저자의 인생을 배운다. 나와 다른 삶에서 또 다른 삶의 모습을 본다. 책을 읽는 순간만큼은 그의 삶

속으로 들어간다. 내게 조언을 주는 멘토는 없어도 매일 함께하는 책은 그 역할 이상의 일을 한다. 친구가 되고 멘토가 되고 때로는 내가 되어 그 모습을 보여준다. 내 거울이 되어 나를 보여주며 고치고 새로 옷을 입혀준다. 내겐 너무나도 소중한 시간이고 내가 지금까지 이렇게 살 수 있는 원동력이다. 매일 책을 읽는다는 것이 의식하지 않아도 할 수 있는 일이 되었다. 나와 만나준 책에 감사하고 나의 평생친구가 될 것을 의심하지 않는다.

사랑하는 사람과
함께하고 싶다

내가 아끼고 사랑하는 것은 평생 함께하고 싶은 욕심이 있다. 배우자와 아이들, 가족, 친구 등이 내 곁에 항상 있을 거라 생각하는 사람들이 있다. 물론 생명이 유한한 것도 알고 특히 부모님처럼 연세가 있으면 언젠가 떠나실 날이 올 것을 머리로는 생각하지만 가슴은 아직이다. 병이나 사고로 사랑하는 사람을 잃는 경우도 있지만 관계에 의해 사랑하는 사람을 잃는 경우도 많다. 물리적인 단절이 아니라 심리적인 단절은 회복하기 어렵고 평생 마음에 상처를 안고 살아야 한다. 누구 하나 양보하지 않는다면 그 관계는 자석의 같은 극처럼 평생 밀어내기만 한다.

나와의 관계 중에서 아직 심리적인 단절을 하고 있는 사람은 없는 듯하다. 순전히 내 위주의 생각이다. 내가 모르는 중에 나로 인해 상처받고 나와 거리를 두는 사람이 있을 수도 있다. 혹시나 그런 분이 있다면 이 글을 보고 연락주시길 바란다. 잘못한 것이 있으면 사과해야지. 개인적인 내 욕심으로는 내 주변의 아끼는 사람들을 잃고 싶지 않다. 좋은 사람들과 평생 친구하면서 그 관계를 유지하는 것도 내 욕심이다. 아무것도 없는 사람에게는 역시나 사람이 재산이고 힘이다. 재산이 많지 않은 내게 사람은 힘이 된다. 물론 상처주는 사람도 많지만 그것은 일부이다. 가까운 사람이라고 좋은 사람의 범주에 다 속하는 것도 아니다. 내가 아끼는 사람들은 나와 같은 것을 공유할 것이고 같은 마음으로 서로를 대할 거라 믿는다.

어릴 적부터 알던 친한 사이를 보통 친구라고 이야기해왔다. 요즘 친구의 범위는 네트워크 시대만큼 넓게 퍼져 있다. 흔히 말하는 학교, 동네 친구들만 친구가 아니다. 가깝게는 내 아이에게도 '친구'라는 말을 쓴다. 아이에게도 배울 점이 있고, 서로 좋은 영향을 주는 친구이다. '친구'이지만 함부로 하는 사이는 아니라는 것도 알려주고 있고 나이가 비슷해야만 친구가 되는 것은 아니라는 점도 말해준다. 아이에게 친구의 범위는 한층 넓어졌다.

지금 내 곁에 있는 사람들 중에서 그런 범위의 친구가 많다. 좁게는 독서모임의 멤버들부터 넓게는 지금 이 세상에 없는 사람들까지. 그 범위는 내가 정하기 나름이다. 독서모임의 멤버들은 사실 원래 알던 친구들보다 더 자주 만난다. 한 달에 두 번, 친구들과 만나는 사람들은 많지 않다. 지난달에 만났다면 몇 달 있다가 만나기도한다. 독서모임 멤버들과는 꾸준히 만나기에 더 자주 만나는 사이다. 그것도 책이라는 중매쟁이를 통해 이야깃거리가 풍성하다. 서로처음 만나거나 어색한 사이라도 책이 중간에서 그 사이를 연결시켜준다. 책 이야기를 하다보면 인생 이야기도 자연스럽게 따라 나온다. 책은 인생으로, 인생은 책으로 연결이 된다. 또 인생은 사람으로, 사람은 사람으로 다시 돌아온다.

독서모임에서 책을 통해 사람으로 연결되듯이 책은 그 책을 쓴 저자와 그 책을 읽는 독자도 연결시킨다. 저자가 살았던 시대나 장소에 관계없다. 원서로 읽으면 책의 느낌이 더 와 닿겠지만 번역자들의 노력으로 편하게 외국서적도 접할 수 있다. 비록 번역이라는 중간 단계를 거쳤지만 저자가 말하고자 하는 의미는 그대로다. 외국 작가나 또 이미 이 세상을 떠난 작가와 말이 통하지 않고 직접 볼 순 없어도 책은 그런 저자와 독자가 만나는 시간을 준다.

이렇게 책은 마음과 정신의 교류를 할 수 있는 매개체다. 나이 들어도, 젊어도 친구가 될 수 있다. 어릴 적 친하게 지내다 성인이 되어 각자 갈 길을 가며 어쩌다 한 번 만나서 추억을 나누는 친구도 그립지만, 책은 내가 만나고 싶을 때 언제든 만남의 장을 열어준다. 싫어하고 불편한 사람을 만나서 내 에너지를 뺏길 이유보다, 좋아하는 사람, 사랑하는 사람, 아끼는 사람을 만나서 좋은 에너지를 주고받는 일이 더 중요하다. 아끼는 사람을 만날 시간도 부족한데 굳이 불편한 사람을 만나고 있을 이유는 없다.

자기계발서의 고전격인 《카네기 인간관계론》을 보면서 어떻게 행동하고 말해야 하는지 배운다. 서툰 인간관계 때문에 힘들거나 고민이라면 꼭 이 책을 읽어보면 좋겠다. 이런 책을 읽으면서 남을 이해하는 능력을 기른다. 내가 어떤 사람인지 돌아보고 반성하고 좋은 관계를 유지하기 위해 노력한다. 나와 내 소중한 사람을 지키기 위해 책을 읽는다고 해도 과언이 아니다.

아는 분들 중에 가족 독서모임을 하는 분들도 보인다. 엄마와 딸, 남편과 아들이 함께하는 독서모임은 어느 독서모임보다 멋있고 부럽다. 같은 책을 읽고 이야기를 나누는 일은 같은 상황에서 상대가 어떤 생각을 하는지 공개적으로 들을 수 있는 시간이기도 하다. 함께하는 그 시간은 가족들에게 소중한 추억과 공감대를 형성할 것이다.

노는 물을 바꾸니 주변에 책 읽는 사람이 많이 보인다. 용기 내어 독서모임을 만들고 책을 쓰면서 자연스럽게 만들어진 네트워크는 책 읽는 그룹이 되어버렸다. 블로그 이웃 중에도 그런 분들이 많아 매일 영향을 받는다. 일상보다는 책 리뷰와 독서모임을 기록하는 블로그로 만들어서 그런 분들과 이웃을 많이 맺기도 한 이유도 있다. 내 곁의 독서인구가 계속 늘어나니 학창시절 친구를 자주 보지 못해도 행복한 마음이다. SNS로 전해지는 나의 모습은 가끔 연락오는 친구들에게는 다른 세계의 모습인가보다. "니는 원래 책 좋아한다아니가." 그런 말로 나와 선을 그어버린다. 훗날 가까운 친구들과 독서모임을 하는 날을 꿈꿔본다.

아직 오지 않은 미래는 긍정적이고 가까운 미래는 부정적이라는 말이 있다. 내 나이 60이 넘는 일은 긍정적이다. 아직 20년이나 더 남았으니까. 미래를 위한 재테크로 책을 읽어야 한다는 어느 유튜브의 영상을 보면서 크게 공감한 적이 있다. "시대가 매일 바뀌는데 책 읽을 시간이 어디 있고, 고전 같은 고리타분한 책을 읽으라고?" 그렇게 말하는 사람도 많다. 답부터 말해보면 그렇기 때문에 책을 읽어야 한다.

나의 긍정적인 미래는 '사람이 모이는 장소'가 되는 일이다. 북카페의 모습이든, 모임공간의 모습이든 그런 장소가 되는 꿈이 생겼다. 그런 꿈을 위해서 가까운 미래로는 돈을 벌어야 하고, 저축해야 한다. 매일 책을 읽으며 나를 세우고 귀찮더라도 책을 읽고 정리해놓아야 한다. 세상이 어떻게 변하는지 관심을 가지고 내가 사람들을 도울 수 있는 사람이 되려면 어떻게 해야 할지 고민한다. 오늘 하루 피곤하더라도 모임에 나가서 사람들의 이야기를 정리해야 한다. 지금 내게 주어진 일이 귀찮고 하기 싫은 일이라도 긍정적인 미래를 위한 준비로 여긴다.

결국 나의 긍정적인 미래는 사랑하는 사람과 함께하기 위함이다. 내 가족, 친구들, 사랑하고 아끼는 모든 사람들과 교류하며 잘살고 싶은 마음이 있어서다. 못난 내 모습 때문에 주변의 사람들이 상처받을까봐 내가 스스로 나를 만들어나가고 있는 중이다. 많은 책의 저자들이 나를 돕고 있다. 불완전한 사람인 나를 조금씩 깎아주고 더해주고 있다. 그 덕에 내가 지금 이런 글을 쓰는 사람도 되었다. 가까운 미래도 긍정으로 바꾸려고 노력하고 있다. 나도 귀찮은 일, 싫은 일은 피하고 싶다. 하지만 '부정의 나'가 되는 것이 더 싫다. 매일 눈뜨면 감사하고 하루가 주어짐에 기쁘다. 독서 덕분에 행복해지는 하루하루는 미래에 얼마나 더 긍정적일지 기대된다.

고급독자의 길은
멀고도 가깝다

　뭐든지 '저급'보다는 '고급'이 좋아보인다. '고급'이라는 마케팅을 해놓고 열어보면 기대에 미치지 못하는 경우도 종종 있지만 그래도 사람들은 '고급'이라는 말에 끌린다. 어느 글쓰기 강좌에서 들은 이야기이다. 글쓰기가 너무 힘겹다는 수강생이 "글 쓰지 말고 그냥 '고급 독자'로 살면 안 될까요?"라는 질문을 했단다. 그분은 결국 책을 내고 작가와 강연가로서 제 2의 인생을 살고 계신다. 그분이 이렇게 오랫동안 강연을 하면서 지내시는 원동력이 나는 그 '고급독자'시절이었다고 생각한다. 매일 책을 읽으며 실천하는 엄마로서 나이가 들어서는 연륜이 더해져 책을 소화하는 능력이 더 탁월해졌을 거라 믿는다. 그 밑바탕이 책을 쓰고 강연을 하는 힘이 되었다고 생각한다.

　그렇게 '고급독자'라는 말을 접하고 한번 검색해보았다. 아무리 뒤져봐도 '고급 독자'라는 단어는 없다. 그냥 '고급'이라는 말과 '독자'라는 단어가 합해졌을 뿐이다. '독자'는 책이 있어서 독자도 생겨난 것이 아니라, 작가와 책, 독자라는 한 묶음이 있어야 한단다. 사실 작가가 글을 써서 책을 낸다는 것은 읽어줄 독자가 있다는 전제하에 있다. 독자가 없다면 책을 내도 무용지물이 되는 것이다. 이런 독자가 주체적으로 자신의 목소리를 낸다면 그야말로 '고급독자'가 되는 일이다.

여러 가지 독서법이 있지만 가장 기억에 남는 것이 있다. 바로 '책 한 권에 하나만 건질 수 있다면 그 책은 성공한 것'이다. 책을 읽다보면 처음부터 끝까지 공감하고 깨우치고 밑줄 좍좍 그어지는 책이 있다. 반면에 '뭐지?'라는 생각을 갖게 만드는 책도 있다. 그런 책이라도 '하나만' 건질 수 있다면 그 책은 성공했다. 작가의 생각을 모두 내 것으로 만들 수도 없는데 고맙게도 하나만 건진다면 그게 얼마나 기억에 남겠나. 기억하고 내 것으로 만들기까지 한다면 내가 그 책을 완전히 소화시킨 것이 된다. 《일독일행》이라는 책도 바로 그런 의미다. 한 권을 읽고 하나만 실천해본다면 그 책은 내 것이 된다. 책을 읽는 사람이라면 '일독일행'이라는 단어를 기억하면 좋겠다.

예전에 가끔 책을 구입해서 읽을 땐, 그 책이 얼마나 소중한지 책을 신주단지 모시듯 했다. 모처럼 구입한 책이 바람이 불면 날아갈까, 손을 데면 찢어질까, 떨어뜨리면 깨질까 조마조마했다. 그도 그럴 것이 조심히 읽고 팔아야겠다는 생각을 했다. 그러니 연필로도 줄긋기가 힘들었고, 눈으로만 조심히 책을 읽었다. 일일이 커버도 씌우고 싶고 손 넘기는 자국도 남기지 않았다. 그러다보니 나중에 기억나는 부분이 드물었고, 좋았던 부분도 찾기 어려웠다. 이런 책을 다시 파는 일도 하지 않았다. 팔아도 내가 생각하는 만큼의 금액을 받기 힘들었고, 배송비다 뭐다 손익계산을 하면 손해 보는 일이었다. 중고책 판매를 단념하고 책을 읽을 때 집중하기로 했다. 밑줄을 좍좍 그으며 여백에 써보기도 했다. 아는 분들은 일독, 이독, 삼독시 각각 다른 색깔의 볼펜으로도 긋는다는데, 그걸 참고로 나는 보통은 검정, 참고는 파랑, 중요는 빨강으로 긋기 시작했다. 계속해서 늘어나는 책 때문에 도서관에서 다시 책을 빌려다보기 시작했다. 도서관 책은 아무래도 줄긋기가 힘들기 때문에 인덱스 테이프를 이용했다. 이 테이프를 이용하면 나중에 책 후기를 작성할 때 유용하다. 다시 책을 볼 때 기억이 잘 나도록 최대한 많이 붙였다. 인덱스 테이프도 색깔별로 구별해서 붙이면 좋다. 여러 가지 색깔이 있어서 색깔 볼펜으로 줄을 긋듯이 자신만의 색깔 분류를 통해 붙인다면 나중에 다시 볼 때 더 효과가 있다.

'고급'인지 '저급'인지 상관없이 그냥 책을 읽기 시작했다. 어떤 일이든 초보는 서툴고 익숙해지는데 시간이 필요하다. 대학을 졸업하고 첫 병원에서 일을 시작할 때, '나는 이 일에 소질이 없나보다.'라고 매일 생각했다. 아는 것도 별로 없어서 병원에 오래 다닌 환자가 하는 말이 다 맞게 느껴졌고, 학회나 스터디그룹에 가서 배워야겠다는 생각이 먼저였다. 그렇게 1년 2년 세월이 지나다보니 환자들과도 익숙하고 질문에도 익숙해졌다. 모르는 것은 선배나 실장님께 답을 구하기도 했지만 그 공간 안에서는 저절로 몸이 반응했다.

책도 마찬가지였다. 처음에는 어떤 책을 읽을지 몰라 책 속에서 소개하는 책을 적어뒀다가 다음에 읽었다. 마땅한 책이 없을 때는 책 뒷날개에 소개된 같은 출판사의 책을 읽기도 했다. 한 작가가 마음에 들면 그분이 쓰신 책을 검색해서 다 읽어보기도 하고, 그것도 모자라면 도서관에 가서 한 분야의 책을 서평하고 빌려오기도 했다. 지금도 책 한 권을 다 읽고 나면 그 다음에 무슨 책을 읽을까 고민한다. 독서모임의 선정도서가 우선이고 그 다음이 집에 있는 안 읽은 책들이다. 물론 베스트셀러나 핫한 책이 그 순위를 치고 나오는 경우도 있다. 그렇게 책을 선정하고 읽다보면 어떤 책을 고를지 고민은 하지만 예전만큼 아무것도 보이지 않는 상태는 아니다.

나의 경험과 다른 이들의 경험을 보면 '고급독자'가 되는 일은 세 가지 단계다. 하나는 먼저 계속 읽는 일이다.(독서) 그 다음은 읽은 책을 계속 나누는 일이다.(독서모임) 마지막은 읽고 나눈 것을 쓰는 일이다.(서평) 보너스로 한 가지를 더하자면 읽고 나누고 쓴 것을 내 삶에 적용시키는 일이다. 이건《강안독서》에 나오는 말인데 이것처럼 내 삶에 적용한다면 게임 끝이다.《일독일행》은 한 권의 책을 읽고 하나의 실천을 해보자는 말이고《강안독서》는 읽고 그것을 내 삶에 적용시키자는 말이다. 비슷하지만 약간 구별된다.

'고급독자'가 되는 일이 쉽고도 어려운 이유는 단순히 실천하면 세 가지가 쉽지만, 그것을 어렵게 보기 때문이다. 두 번째까지는 쉽게 할 수 있지만 세 번째 쓰는 일에서 막힌다. 어려워하는 사람도 많고 귀찮아하는 사람도 많다. 내가 본 줄거리만 쓰는 일이 아니라 나의 생각과 내 느낌을 써보는 일이다. 처음 두 가지만 해봐도 충분히 많은 것을 얻는다. 마지막 쓰기는 정리하는 일이다. 내 노트에 해도 좋고 SNS를 이용해도 좋다. 나는 주로 블로그를 이용하고 노트에 적기도 한다. 블로그는 활용도가 좋다. 쉽고도 어려울 수 있는데, 단 내가 관심과 애착을 가진다면 얼마든지 쉽게 이용할 수 있다. 대신 억지로, 보이기 위해서, 남들도 하니까 한다면 그만큼 힘든 일은 또 없다. 독서모임을 하면서 자신의 생각을 이야기할 때 주로 줄거리를 적어오는 분이 있다. 줄거리는 인터넷만 검색해보면 얼마든지 알수 있다. 아마도 하는 방법을 몰라서 그럴거라 생각한다. 쓰지 않고 말로 하면 잘 하는 분이라 쓰는데 서툴러서 그럴거라 믿는다.

사실 책을 읽는데, 고급독자가 뭐 중요하고 저급독자가 부끄러울 일은 아니다. 내가 말하고 싶은 것은 첫걸음을 떼는 것이 중요하다는 일이다. 한 걸음을 떼어봐야 그 다음 걸음을 옮길 수 있다. 그렇게 걷다보면 빠르게 걸어볼 수도, 뛰어갈 수도 있다. 내 마음 내키는 대로 책과 함께 여행을 가면 된다. 어떤 모양이든 상관없다. 내가 원한다면, 평생 친구해줄 책이 있다면 어떤 여행도 외롭지 않을 것이다.

독서로 성장한다

　지금은 스승의 날에 선물을 못해서 아쉽다. 얼마 전까지 선생님께 어떤 선물을 해야 할지 고민이었다. 감사의 표시였다. 내 중고등학생 시절에는 촌지가 점점 없어지는 추세였지만 존재했다. 좋은 선물을 하면서 선생님께 잘보이려고 하는 친구도 있었고, 크게 신경쓰지 않는 친구도 있었다. 좋은 선생님께는 진심을 담아 감사의 마음을 전하기도 했다. 그 당시는 아이들의 체벌도 허용이 되던 시절이라 자나 회초리로 매를 맞았고, 꿀밤 등은 기본이었다. 가끔씩 무식하게 발로 차거나 뺨을 때리는 선생님도 있었다.

　중2때 담임은 그런 사람이었다. 체육과였는데, 다른 학교에서 학생의 다리를 부러뜨리고 우리 학교로 쫓겨왔다는 소문도 있었다. 5월 스승의 날에 나는 근처 서점에서 구입한 책을 선물했다. 책 좀 읽고 유식해지라고. 어느 자습시간에 앞에서 그 책을 읽고 있는 선생님을 봤다. '책도 읽나보네.' 내가 선물해놓고 내가 무시했다. 그도 그럴것이 우리 반에서 제일 작았던 친구를 교실 앞에서부터 뒤로 몰고가며 뺨을 때리고 발로 차는 등 온갖 폭력으로 교실을 공포로 몰아넣었기 때문이다. 아마 자기 분에 못이겨 순간 이성을 잃었던 게 아닌가 싶다. 다른 아이들은 그 모습을 차마 지켜보지 못하고 들려오는 소리에 고개를 푹 숙이고 울고 있었다. 지금 같았으면 바로 교사생활이 중단됐을텐데, 아무일도 없었다. 그런 사람이 내가 준 책을 읽고 있어도 좋아보이지 않는 건 어찌보면 당연한 일일거다.

중학교에 들어가면서 책 선물을 많이 했지만, 정작 내가 읽진 않았다. 1년 중 손에 꼽을 정도였다. 《공부머리 독서법》에 따르면 내가 수능을 못 친 이유가 독서량의 부족이겠다. 영어 단어를 외우고 수학문제를 풀면 수능을 잘 치를 거라 믿었다. 나뿐만 아니라 대부분의 친구들이 그랬다. 그렇게 자란 우리는 여전히 책과 거리가 멀다. 아이를 낳으니 유아동 출판사의 영업사원이 방문하여 아이들 책만 몇 질을 넣으라고 권한다. 새 책이 있어야 아이의 뇌 발달이 좋아질 거라며 사탕발림을 한다. 물려받은 책이 많아 생각 좀 해보겠다고 하니 "21세기 아이에게 20세기 책을 읽히시네요?"라고 비꼬았다. 빈정 상하기도 하고 판매에만 집중되어 있는 사람들과는 더 이상 만나고 싶지 않았다. 아이에게는 물려받은 책을 매일 읽어주고, 아이가 원하는 책을 몇 번이고 반복해서 읽어주었다.

오히려 구입하는 책은 내 책이었다. 꼭 엄마표가 아니더라도 의식이 있는 엄마들은 아이 책은 저렴하게 구입하고, 엄마 본인의 책 읽기를 하라고 말했다. 그녀들의 이야기는 나의 마음을 움직이기에 충분했다. 이미 육아가 힘들어 방법을 찾고 싶어졌고, 내게 책은 오아시스였다.

다행히도 해답은 내 안에 있었다. 내가 모르던 답이 내 안에 있었다. 책은 그 해답을 찾을 수 있게 도와줬다. 책이 알려준 해답 덕분에 내 삶은 조금 여유있고 편안해졌다. 나아가 행복하다고 말할 수 있었다. 어떤 과거든 후회되는 부분이 있다. 아이를 키우는 과정도 후회가 가득하다. 다시 돌아갈 수 있다면 더 잘 했을 텐데, 아이에게 더 공감해줬을 텐데. 이미 지난 과거는 돌이킬 수 없고 지금 이 시간에 더 충실해야 한다.

육아법이나 교육법이 있는 책으로 그런 방법만 배워서 책이 감사한 것이 아니다. 엄마인 나 이전에 본연의 나를 찾을 수 있게 해준 것이 책이다. 키가 크고 살 찌는 것만 성장이 아니라 내면의 성장을 말한다. 엄마인 내가 성장하는 일이 곧 아이의 교육에도 영향을 미친다는 것을 알 수 있었다. 아이에게도 학교 공부만 해서는 평생을 살아가는 일이 아니라는 것을 알려줄 수 있었다. 물론 아이들은 지금 학교 공부가 중요하다. 하지만 초등학생, 아니 그 전부터 사교육에 둘러쌓여 스스로 생각할 수 있는 시간을 빼앗는 일이 많아졌다. 스스로 학습법은 많지만 스스로 생각법은 아무도 알려주지 않아 그렇게 자란 아이들은 혼란스럽다. 스무살이 넘어 성인이 되면 스스로 판단하고 생각해야 하는데, 그것을 할 줄 모르는 것이다. 수능을 잘 치기 위한 방법으로 책을 읽는 것은 어느 정도까지만 도움이 될 것이다. 정말 책이 재밌어서 읽는다면 그 아이가 자라서 얼마나 많은 도움을 받을지.

엄마인 내가 책을 읽고 평생 공부를 하며 매일 내 삶을 리모델링하고 있다는 것은 나와 내 가족을 위해 옳은 일이다. 그런 모습을 보며 자란 아이와, 그렇지 않은 부모의 아이는 또 얼마나 천지차이일까. 훗날 나이가 들어 내 아이가 지금 나의 나이가 되었을 때, '왜 엄마는 세월을 그냥 보냈어? 좀 더 엄마를 위해 살지.'그런 말을 할 수도 있다. 그땐 어떻게 답을 해줘야 할까.

아이가 어릴 때부터 이런 질문을 해왔다. "세상에서 누가 제일 좋아?" 아이들은 처음에 "엄마" 또는 "아빠"라고 답한다. 그럴 때 나는 "엄마, 아빠 이전에 나 자신부터 사랑해야지. 내가 없으면 엄마, 아빠를 사랑할 수 없어." 그래선지 어릴 때도 아이들은 무슨 말인지도 모른 채 "내가 가장 좋아"라는 답을 했다. 이제 십 년 정도 살아본 아이들은 같은 질문을 다시 했을 때 "나부터 사랑해야지, 나 스스로 나를 제일 사랑해야 돼."라고 한다. 반복학습의 결과인가, 십년의 인생철학인지는 모르겠다. 이기적이거나 개인주의를 떠나서 자기 이해와 자기 사랑은 내가 어떤 일을 잘 하며 능할 수 있을지를 잘 파악하는 일이다. 독서는 그런 나를 찾아갈 수 있게 도와주는 친구다.

육아서와 교육서, 자기계발서 등 모든 책에서 다른 형태지만 같은 질문을 던졌다. '내가 잘하고 좋아하는 일을 찾아라.' 한 번도 생각해본 적이 없는 일이었다. 그 질문 자체가 내게는 난관이었다. '왜 나는 나에 대해서 한번도 생각해본 적이 없을까?' 내가 나를 모르는 아주 한심한 상황이 벌어졌다. 책을 읽으면서 생긴 이 궁금증은 여러 책으로 대답을 찾게 되었다. 책은 내게 생각하는 시간을 주면서 스스로 답을 찾게 해주었다.

어떤 책을 읽으면서 "책이 사람을 바꾼다."고 했다. 책을 읽으면 고리타분한 꼰대가 될 거라 생각하기도 했다. "책은 다 맞는 말만 하지, 실제는 달라.'" 누가 그랬는지 모르겠다. 그랬든지 말든지 나는 책을 읽어보기로 했다. 책을 얼마만큼 읽으면 사람이 변하게 되는지, 내 스스로 실험해보고자 했다. 돈이 들지도 않았고, 아이를 키우면서 시간을 조금만 내면 되는 일이었다. 직장에서 쉬는 점심시간에 책을 읽을 수도 있었고, 일하는 짬짬이 한 페이지씩 읽으면 되는 일이었다. 그렇게 책이 한 권, 두 권 쌓여가면서 내가 모르는 나의 변화는 시작되었다. 뇌가 움직이고 마음이 움직였다. 그 동력은 내가 움직일 수 있는 원천이 되었다. 책을 함께 읽을 사람을 모으고 함께 나누었다. 그러는 동안 또 나는 변화했다. 성장을 하고 있었던 것이다. 물론 성장의 과정에서 아프고 힘든 일도 있지만 그렇게 나의 성장판은 자극이 되었으리라 생각한다. 아직도 성장을 하고 있는 중이다. 나의 성장기는 끝나지 않았다. 죽는 날까지 성장할지도 모른다.

"책이 사람을 바꾼다."는 말은 진실이다. 내가 직접 체험하고 나니 자신있게 말할 수 있다. 아직 세상에는 읽을 책이 넘쳐나고 아직 읽지 못한 책도 어마어마하다. 다른 이들과 비교하지 않고 내 속도대로 책을 읽고 있다. 남들에게 보여주기 식이 아닌 내 마음에서 우러난 책 읽기다. 앞으로 더 많은 책을 읽으며 내가 성장해 나가는 모습을 다듬을 거다. 글쓰기도 함께하는 동지다. 책을 읽으니 글쓰기도 함께 하게 되었다. 지금의 나에서 벗어나고 싶은 사람은 무조건 책을 읽어보길 바란다. 읽다보면 느껴지고 느껴지면 바뀌게 된다.

오늘도 나는 독서로 성장한다.

chapter 2

책과 사랑에
빠지는 길

왜 읽어야
하는가
WHY?

읽지 않아도
살아지는 삶은 없다

흔히 "책 속에 길이 있다."고 한다. 독립운동가 안중근 의사는 "하루라도 책을 읽지 않으면 입안에 가시가 돋는다."는 명언을 남겼다. 그는 일본에 의해 사형을 당하기 직전에도 "나에게 5분의 시간을 달라. 못다 읽은 책을 읽고 싶다."고 말했다.

책이라는 것이 무엇이기에, 자신의 목숨이 다하는 그 순간까지 놓지 못했고, 내 손 안에 들어오는 그 크기 안에 길이 있다고 할까?

아이를 키우는 부모들 사이에는 소위 '책육아'라고 하는 것이 붐이다. 간단히 '책으로 육아를 한다'는 것인데, 책육아의 목적은 무엇일까. 똑똑한 아이로 키우기 위해서? 아니면 지식의 폭이 넓어져 결국 좋은 대학을 가기 위해서? 그렇다면 그렇게 책육아로 아이를 키우는 부모의 독서량은 어떨까? 아이에게만 많은 책을 읽히는 것이 '책육아'일까.

2017년 국민 독서 실태조사에 따르면 대한민국의 성인 1인당 1

년 평균 독서량은 8.3권이다. 다독가와 1년에 채 한 권도 읽지 않는 사람을 섞은 평균치이다.

우리가 받아온 공교육은 쉽게 말하자면 근로자를 양성하기 위한 교육이다. 노동자를 양성하기 위해 만들어진 프러시아식 교육이 미국의 공립학교에 들어왔고, 그것이 우리나라까지 들어왔다. 일제 강점기 시절, 일본은 우리나라에 그 교육을 도입시켜 철저하게 우리 국민이 인문학을 접할 수 없게 만들었다. 인문학이 풍부했던 우리나라에 "글만 읽어서 조선이 망했다."는 말이 생겨나게끔 한 것이다. 같은 시기, 일본 열도에서는 전국 도서관 설립이 활발히 진행되었다. 그들은 알고 있었다. 책, 독서가 얼마나 중요한지를. 그래서 자국민에게 독서를 권장하고 식민지에는 그것을 뿌리 뽑았다. 그것이 힘들이지 않고도 국민의 의식을 흔들어놓는 것이기 때문이다.

독서가 중요한 것은 시대, 인종, 나라를 불문하고 다들 알고 있는 공개된 비밀이다. 다들 알고 있지만 그 속에 진실이 숨어있다는 것을 알지 못해 나는 공개된 비밀이라 생각한다.

책을 읽지 않아도 살아갈 수 있다. 단지 우려되는 건 깊이가 없고, 사색이 없다보니, 생각의 깊이가 얕고, 겸손이 부족할 수 있다. 빨리 쉽게 되는 것을 좋아하고 TV나 게임 같이 거저 주는 것만, 보이는 것만 받아들이는 삶을 살아갈 수 있다. 때로는 오히려 책을 많이 읽어낸 사람보다 더 잘 살아가기도 한다.

나는 믿는다. 그러나 그들보다 어떤 힘듦을 겪어낼 때 빠져나오는 힘이 다르다고. 어떤 일을 결정할 때 생각의 깊이가 다르다고. 벽돌 틈을 시멘트로 메꾸어 더 단단하게 만드는 것과 그냥 돌만 쌓아서 벽을 만들어 내는 것의 차이. 그곳에 불어닥칠 온갖 비바람과 뙤약볕을 어떻게 견뎌낼 것인지는 상상에 맡기겠다.

위대한 위인들의 곁에는 언제나 책이 있었다. 어린 시절 가난해서 책을 늘 빌려 읽어야 했던 링컨, 저능아라고 학교에서 퇴학당했던 에디슨, 깊은 유배지에서도 18년간 독서와 글쓰기에 매진했던 정약용, 무에서 유를 창조해낸 현대그룹의 정주영 회장, 전 세계의 문화를 주도하는 애플의 스티브 잡스 등. 그들뿐만이 아니다. 지금 주위에 조금만 둘러보아도 현명한 부모들은 자신이 먼저 책을 들고 있다.

내 주변에 '공주' 모임이 있다. 이름만 들으면 '뭐야~ 공주병? 잘난 척? 그런 모임인가?' 하는 생각이 들 수 있다. 그들은 '공부하는 주부'이다. 함께 모여 같은 책을 읽거나 북텔링을 하고, 가족의 건강과 미래를 준비하는 모임이다. 그들 역시 책을 읽고 아이들에게 책을 권한다. 그저 아이들에게 '책 읽어야 좋은 거야' 하는 엄마들이 아니다.

나 역시도 책을 자주 읽지 않았다. 주변에 누가 읽고 있는 책이 재밌어보이면 가져다가 읽기도 했고, 심심해서 한 권 읽어주기도 했다. 아이를 낳고 한참 정신없을 시간에 책을 읽는다는 것을 상상하지도 못했다. 그때의 허전함을 기억한다. 피곤하지도 않고, 인터

넷으로 웹서핑을 하는 것도 재미없었다. 게임을 좋아하는 것도 아니었고, TV만 무의미하게 보는 중이었다

그때 책이 생각났다. 내 안에 아주 깊숙이 숨어 있었던 독서 DNA가 다시 나타나려 했다. 그 기간에 읽은 책이 얼마나 맛있었는지 아직도 그 느낌이 기억난다. 한 장 한 장 넘기며 읽은 책이 마지막을 예고하는 순간, 끝내고 싶지 않아 아껴가며 읽었던 기억. 다 읽고 간단하게 블로그에 몇 자 적어내면서 다시 기억하는 시간. 두 아이 육아로 정신없기도 했지만 그때 읽었던 책이 지금껏 중 제1이라고 단언한다.

다시 20대로 돌아간다면, 그 많던 시간 속에 책을 충분히 넣고 싶다. 그랬다면 지금 더 지혜로운 30대가 되지 않았을까, 준비된 현명한 엄마가 되지 않았을까 하는 아쉬움이 있다. 그래서인지 임신을 준비하거나 임신한 예비엄마들이 책을 읽지 않는 것이 참 안타깝다. 그저 임신육아대백과 같은 책 한 권만 사놓고 할 일을 끝냈다고 생각하는 엄마들이 많기 때문이다. 엄마가 되기 위한 준비를 그 한 권의 가이드북으로 끝낼 수 있다는 것은 큰 오산이다. 엄마와 아이의 마음을 알게 하는 심리서, '나'를 찾을 수 있는 고전, 따뜻한 위로가 되는 에세이, 아이를 어떤 방향으로 키워야 할지 미리 생각하게 하는 육아서, 아이가 태어나면 함께 가볼 만한 여행서, 도전과 비전을 생각하게 하는 자기계발서 등 읽어야 할 책들이 너무나도 많다. 그건 지금 아이를 키우는 부모도 마찬가지다. 한 생명을 낳아

서 '사람'으로 만들기가 얼마나 힘든 일인데, 1년에 책 한 권 제대로 읽지도 않고 아이를 키운다는 것은 이해가지 않는다.

독서모임에서 유설화 작가의 그림책《슈퍼거북》을 읽고 나누었다. 거북이 우연히 경주에서 토끼를 이겼지만, 동물들이 '느린 슈퍼거북'을 인정하지 않자 토끼처럼 빨라지기로 결심한다. 빨라지기로 결심하고 제일 처음으로 한 일이 '관련서적 읽기'다. '빠르게 사는 법', '스피드 왕', '빨라야 산다', '느림보 탈출', '빨리빨리' 등. 물론 의인화한 그림책이지만 어떤 일을 시작할 때 책을 먼저 참고해야 한다는 것을 보여준다.

만약 링컨이 책을 읽지 않았다면 미국의 흑인노예해방이 있었을까? 있었다하더라도 그 시기가 훨씬 늦어졌을 것이다. 에디슨이 학교 퇴학 후 제대로 책을 읽지 않았다면, 지금의 편리함은 조금 더 늦어졌을 것이다. 이렇게 한 사람의 독서가 세상을 바꿀 수 있다. 그들에 비해 '아무것도 아닌' 나의 삶도 세상을 바꿔나갈 수 있다. 한비야의《지도밖으로 행군하라》를 읽고 나는 팔레스타인의 한 여자아이를 후원하기 시작했다. 큰 눈을 가진 작은 꼬마였던 아이가 10년이 지나 이제는 우리나라 나이로 18~19세 정도가 되었다. 책한 권으로 나는 그 아이의 가족에게 '희망'이 되었다. 그 아이에게 공부를 할 수 있는 기회를 주고, 그 가족들에게 작지만 스스로 일어설 수 있는 자금도 마련해줄 수 있었다. 물론 좋은 단체를 통해 그 일이 모두 일어난 것이지만, 그 시작은 책 한 권이었다.

2018년 트렌드 중 하나는 '소확행'이었다. 나의 '소소하고 확실한 행복'은 커피 한 잔과 함께하는 독서다. 있어 보이려고 그런다고? 사실이다. 있어 보이고 싶다. 책을 읽으면서 내면이 강한 사람, 이야기 나누면 더 내공이 우러나오는 단단한 사람으로 있어 보이고 싶다. 가볍게 만날 수 있지만 대화까지 가볍고 싶진 않다. 그렇다고 재미없는 진지청년까지는 아니지만, 내실이 단단한 그런 여자이고 싶다.

중심을 잡는
최고의 방법

내 인생의 이벤트가 여러 개 있지만, 그 중 내 삶을 크게 바꿔놓은 건 바로 '출산'과 '육아'이다. 얼마 전 스타강사 김미경의 유튜브를 보며 공감한 것은 아이를 낳아서 키울 수 있는 가장 좋은 나이가 50대라는 것. 2~30대는 나 스스로도 성장이 덜 됐는데 어떻게 아이를 잘 키울 수 있냐는 거다. 그런 서툰 엄마들이 아이를 키우게 되니 너무 힘들고 지치는 일이 반복된다고. 맞다. 나도 그동안 유리막 너머에 있는 다른 가정을 관찰만 했다. 젊은 부부와 둘 이상의 아이가 행복한 시간을 보내는 모습을. 그 유리막은 곧 깨졌고 나도 그 공간으로 들어갔다. 내가 알던 행복한 가정의 모습에 필요한 것은 '아이'였다. 아이만 있으면 내가 보던 '행복한 가정'이 순조롭게 이뤄질 줄 알았다.

수능성적에 따라 대학을 지원했다. 내가 원하던 특수교육과에 진학을 못하게 되었고, 차선책으로 물리치료과에 입학을 했다. 고등학생이던 나의 선택은 나름 신중했다. 물리치료과에 재학 중이던 친구 언니의 말이 매력 있었다. 차선으로 선택하기에는 나쁘지 않다는 생각을 했고, 물리치료과에 입학을 했다. 입학을 하고보니 고등학교의 연속이었다. 해부학부터 시작해서 외울 것도 너무 많았고, 영어도 아닌 의학용어는 어찌나 많은지… 게다가 매주 쪽지 시험까지 쳤다. 결국 학교는 친구와 놀기 위해 다니게 됐다. 겨우 바짝 공부해 국가고시에 합격을 했고, 아무것도 모른 채 사회에 나왔다.

그런 내가 어찌어찌 결혼을 하고 아이를 낳았다. 내가 나를 데리고 내 삶을 살고는 있지만, 어느 방향으로 가고 있는지 몰랐다. 목적지 없이 조류에 휩쓸려다니는 난파선과 같은 모습이었다. 겉으로 볼 때는 병원에서 물리치료사로 일하며 취미생활도 하고, 대학원을 가기 위해 방송대도 진학해 열심히 사는 20대 젊은 청춘이었지만 실상은 이리저리 휩쓸리는 삶이었다.

가수 GOD의 〈길〉이라는 노래가 있다. "내가 가는 이 길이 어디로 가는지 알 수 없지만 오늘도 난 걸어가고 있네."라는 가사가 있다. 이 노래가 나왔을 당시에는 큰 감동이 없었지만, 살면서 이 노래는 그 가사 한마디 한마디를 그냥 지나칠 수가 없었다.

세상에는 너무나도 많은 길이 있다. 길눈이 밝은 나는 한번 지나간 길은 대부분 기억이 난다. 어렸을 때는 그것이 나의 장점인줄 몰랐지만, 스무 살이 넘어가면서 그것이 나의 장점임을 알았다. 길을 알면 다시 찾아가기도 쉽다. 시간이 지나면서 지도상에 나오는 길이 없어지기도 하고, 새 길이 생기기도 한다. 길눈이 밝은 나도 처음 보는 길은 알지 못한다. 허나 요즘에는 내비게이션이 있어 바뀐 길도 실시간으로 알려준다. 그 덕에 길을 헤매지 않아도 되고, 짧은 길, 빨리 갈 수 있는 길 위에 얼마든지 올라설 수 있다. 과학기술의 발달로 내가 모르는 길도 찾아가는 요즘이다. 일반적인 길은 그렇게 도움을 받을 수 있다. 그렇다면 내 인생의 길은 누구에게 도움을 받을 수 있을까? 인생의 수많은 길 중 내가 가야 할 길은 어디인지, 어디로 가야 바르게 가는 것인지 나는 그 '길 찾기'가 가장 어려웠다.

사람들은 공감받기를 좋아한다. 4차 산업혁명시대에 인공지능이 많은 것을 대체하지만, 없어질 수 없는 것은 바로 사람의 마음을 만지는 일이다. 다른 사람의 이야기에 공감하고 같이 웃거나 울어줄 수 있고, 나의 이야기도 다른 사람에게 그런 감동을 줄 수 있다. 내 편이 생기는 것 같은 그런 느낌이 '공감'이다. 그런 공감을 느끼고 싶어서 웹서핑을 굉장히 많이 했다. 지역 커뮤니티인 '카페'에 들어가 보면 대부분의 엄마들은 유행에 휩쓸려 다니는 느낌이었다. '요즘 핫한'이라는 문구에 아이의 교육을 시키고, 운동을 시킨다. '강남지역에서 성행하는'이라는 문구에 어느 학원, 놀이기관을 보내고 '강남엄마처럼' 엄마들은 그 시간에 커피숍에 모여 돼지엄마를 만들어낸다. 그런 모습들에 반해 나와 같은 사람들이 있을 거란 생각에 웹서핑을 많이 하게 되었고, 지금 오래된 블로그 이웃들은 대부분 그때 만난 분들이다. 그 이웃분들이 공통으로 이웃을 맺고 지내는 분들이 또 있었다. 그분들은 우리 동네에서 쉽게 만날 수 있었는데, 바로 우리 동네 도서관에 계셨다.

우리 동네 도서관은 5로 시작하는 곳에 육아서가 있다. 수많은 육아서를 보면서 '이 책을 다 읽어야지'라는 큰 결심을 했다. 그곳에서 하은맘을 만났고, 한복희 선생님을 만났고, 이임숙 선생님을 만났다. 푸름아빠와 박혜란 선생님도 거기에 있었다. 그분들은 내게 육아의 길을 찾게 도와주었다. 다른 사람의 길을 쫓아가지 않고, 나의 길을 갈 수 있는 방법. 나의 방법으로 육아를 할 수 있는 길 말이다.

책은 다양한 경험을 보여주고, 나는 그들의 엑기스만 뽑아서 내 것으로 만들면 되었다. 무작정 따라하는 것이 아니라 '내 것으로 만드는' 일이 더 중요했다. 유행에 따라서 혹은 '아는 언니'를 따라서 영어유치원, 놀이학교를 보내는 것이 아니라 내 방식대로 병설유치원, 도서관을 다녀도 된다는 것이다. 고액의 돈과 시간을 들여서 고액의 문화를 따를 것인지, 소액의 돈, 시간을 들여 내게 맞는 문화를 만들어나갈 것인지는 오직 내게 달렸다. 혹자는 '돈이 없으니까 고민하는 것 아니냐?'는 말을 할 수도 있겠다. 부담금이 버거워도 카드빚을 내어가면 아이에게 투자하는 것이 정답인지, 빚을 내지 않고 적정한 선에서 온 가족이 함께 보내는 시간, 아이들이 즐거울 수 있는 시간을 더 만드는 것이 정답인지 그건 스스로 결정할 문제다. 나는 후자를 선택했다. 어느 길로 가야 할지 갈팡질팡하던 나는 도서관에서 육아 선배들이 어떻게 했는지 관찰했고, 나의 육아를 만들어내는 작업을 하게 됐다. 나의 '육아'라는 길에 길잡이가 되어주시는 분들을 만나게 된 것이다.

아직도 잘 이해가 가지 않는 사람은 아이를 키우면서 책 한 권 읽지 않는 사람이다. 그들도 책을 읽고 있지만 주로 오락위주의 책이다. 사회의 일원으로 쓰일 한 '사람'을 만드는데 책을 읽지 않는다는 것은 아이에게 가장 가까운 등대인 부모가 그 불을 꺼버리는 것과 같다. 물론 책을 읽지 않아도 지혜로운 사람도 있다. 그들은 많은 경험을 통해 그 지혜가 생긴 사람이다.

요즘은 대부분의 지식, 정보를 포털사이트에서 얻는다. 포털사이트에는 잘못된 정보도 있는데, 그것을 걸러낼 필터를 스스로 가져야 한다. 그렇지 않으면 그곳에서 얻은 지식을 지혜라고 잘 못 아는 경우도 생긴다. 그런 필터도 책을 통해서 얻을 수 있다. 내가 많은 경험을 하지 않았다면 대신 그런 경험을 한 사람들의 이야기를 듣고 지혜를 얻을 수 있다. 어떤 것이 옳은지 그른지 걸러낼 혜안도 가질 수 있다. 나이가 많다고 다 지혜로운 사람은 아니다. 사람에 따라 아집만 가득하며 남의 말을 전혀 수용하지 않는 사람도 있다. 나이 들었을 때 어떤 모습이고 싶은지 한번 생각해보면 좋겠다.

어린 시절 신사임당이 현모양처의 표본이라 배웠다. 오만 원권의 인물로 선정되면서 최초로 모자가 함께 화폐의 주인공이 됐다. 우리나라 역사에서 위대한 여성이 많다. 자녀를 잘 키워낸 현명한 어머니도 많다. 그들과 신사임당의 다른 점은 '자기계발'이다. 조선이라는 시대적 한계도 있었지만 다른 어머니들과 달리 신사임당은 글을 읽고 그림을 그리며 자기계발에 힘썼다. 새벽닭이 울기도 전에 일어나 글을 읽었고, 자녀들이 공부를 할 때 함께 공부했다. 자녀들의 공부를 시킬 때는 엄한 선생님이었지만, 그녀 또한 학생처럼 열심히 글을 읽은 것이다. 그렇게 자녀들을 모두 훌륭하게 키워내고 그녀 역시 훌륭한 화가, 문장가로 지금까지 존경받는 인물이 되었다. 만약 신사임당이 조선시대의 다른 여성들처럼 살았다면 지금의 신사임당은 없었을 것이다. 그녀를 '이이의 어머니'라는 한 줄로 알고 지나갔을 수도 있다. 우리가 사임당처럼 될 수는 없다. 대신 그녀의 행동을 보고 어떻게 자기를 만들어 나갈지 생각할 수 있다.

삶의 중심을 잡는 기준이 책이다. 이렇게 하면 이렇게 되고, 저렇게 하면 저렇게 된다는 것을 책으로 미리 읽어내고, 나는 어떻게 하면 더 효율적이며 스트레스를 받지 않을까 궁리하게 된다. 어느 길이든 앞서고 있는 길잡이가 있다. 내게는 독서가 그 길잡이다. 시류에 떠밀리지 않고 나의 중심을 지킬 수 있게 된다. 갈팡질팡하며 이랬다저랬다 하는 엄마가 아닌, 유동적이지만 중심은 잃지 않는 엄마로 만들어주기에 책은 최고의 수단과 방법이지 않을까.

잠시 멈추기 위해
읽는다

번아웃 증후군, 슬럼프. 이런 단어들이 참 와 닿는다. 어떤 일을 바쁘게, 열심히 하다보면 그 일이 마무리된 후 아무것도 하기 싫을 때가 있다. 그럴 때 '아무것도 안 하고 책만 읽고 싶다.'라는 생각이 들기도 한다. 아무것도 안 하지는 못하지만 책이 주 업무가 되길 간절히 바라는 마음이다.

과거에 취미나 특기를 적어내는 칸이 종종 있었다. 마땅한 취미나 특기가 없어서 '독서'라고 적는 친구들도 참 많았다. 그래도 취미 칸에 '독서'라고 적어놓으면 모두 '와~' 하는 분위기였다. 당시에는 다독이나 즐겨 읽는 일보다는 그냥 읽고 싶을 때 읽는 정도였다. 다른 친구들도 대부분 그런 이유이지 않았을까 싶다. 다행인 것은 그 이후로도 책에 대한 짝사랑은 지속되었다는 일이다. 책은 늘 오래된 친구처럼 부담 없이 만나자 연락할 수 있는 것이었고, 한동안 만나지 못하면 '만나야 되는데, 꼭 만나야 되는데…'라는 생각이 드는 짝사랑 같은 것이었다.

사회 초년생시절, 어느 정도 일이 손에 익숙해지고 나서 책을 읽었다. 함께 근무했던 선배님들의 영향도 있었지만, 책은 늘 그리운 존재이며 눈에 보면 읽고 싶은 존재였다. 근무시간 일을 하다가도 잠시 책을 읽으면 그 세계로 들어간 듯했다. 치료 기계가 끝나는 소리를 울리지 않았으면, 환자가 더 오지 않았으면 좋겠다는 생각이 들기도 했다. 하루 중, 책을 읽는 그 시간은 꿀맛이었다. 마치 학교 수업시간에 선생님 몰래 만화책이나 소설책을 읽는 그런 맛? 아이를 낳고 재취업 했던 곳에서 권고사직으로 갑자기 시간이 넘쳐났다. 출산 전 운동 삼아 도서관에 걸어 다닌 이후로 동네는 달라졌지만 열심히 동네 도서관에 걸어 다니며 책을 읽었다. 그냥 그때는 그 열람실에 있는 책을 다 읽는 것이 꿈이고 로망이고 목표이고 도전과제 같았다. 누가 시킨 것도 아니었지만 그 시간을 도서관에서 보내는 것이 하루가 가득 차는 느낌이었고, 원하지 않은 권고사직으로 상한 마음을 어루만지는 시간이었다. 도서관에서 한 서고의 책을 제대로 다 읽어내진 못했지만 앞으로 나는 무엇을 해야 하며, 지금 무엇부터 해야 할지 탐구하고 생각하는 시간이 되었다.

학창시절 시험기간이 되면 꼭 책상 정리가 하고 싶어졌다. 책상 정리만 끝내고 정작 공부할 시간은 부족했다. 바쁜 일상 속에서도 마찬가지다. 많은 업무를 처리하기 위해 책상 앞에 앉아 있으면 꼭 꽂아놓은 책에 시선이 간다. '한 페이지만…' 하면서 책을 펼치면 어느새 마지막 장이다. 책을 펼치면 현실에서 벗어나 다른 세계로 빨려 들어가는 듯하다. 우주에서 블랙홀에 빠지면 다시 나올 수 없다고 하던데, 바쁜 업무 중에 책에 빠지면 헤어나기가 힘들다. 직업 특성상 환자가 오면 일을 하게 된다. 특별히 치료시간 외에는 해야 할 일이 많지 않아 중간중간에 마음만 먹으면 얼마든지 책을 읽을 수 있다. 조금씩 야금야금 읽던 책은 점심시간이 되면 마음 놓고 볼 수 있다. 한 시간 동안 많이 읽을 수도, 적게 읽을 수도 있다. 점심시간은 에너지를 채우는 시간이다. 올해 목표 중 하나는 마라톤에 참여하기 위해 뛰는 연습을 하는 것이다. 내게 책 읽는 시간은 마치 마라톤에서 잠시 에너지를 채우는 시간이다. 숨을 고르며 수분을 보충하는 짧은 시간이지만 긴 여정 중간에 에너지를 받는 중요한 시간이다.

삶이 너무나도 바쁠 때, 아무것도 하지 않고 책만 읽으면 좋겠다는 생각을 한다. 할 일이 없어 도서관을 다닐 때, 그 시간이 그립기도 하다. 다시 그때로 돌아간다면 도서관에 도시락을 싸다니며 더 열심히 책을 읽어내리라 종종 생각한다.

어떤 두 나무꾼이 있었다. 둘 다 성실하고 착한 사람들이었다. 같이 나무를 베기 시작했는데, 어느 시간이 지나자 한 나무꾼은 나무 베는 것을 멈추고 도끼를 갈기 시작했다. 다른 나무꾼은 나무 벨 시간도 모자란데 도끼 갈 시간이 어딨냐며 계속 나무를 베었다. 시간이 지나자 잠시 멈추고 도끼를 갈았던 나무꾼이 더 많은 나무를 베었다. 쉼 없이 달려왔던 나무꾼은 도끼날이 무뎌져 처음 속도만큼 나무를 벨 수 없었고, 쉬지도 못했지만 더 적은 양의 나무를 하게 됐다.

여러 가지 교훈을 얻을 수 있는 이야기이다. '쉼'의 중요성을 알려주는데, 독서도 딱 이 이야기와 같다. 나무는 삶이 될 수도 있고, 업무나 일이 될 수도 있다. 도끼를 갈기 위해 멈추는 것은 내 삶에 이유 있는 멈춤이다. 축구나 농구 경기에서도 쉬는 시간이 주어진다. 그 시간이 몸을 쉬기만 하는 것이 아니라 전반전의 상황을 살펴보고 보완할 점, 새로 추가할 점을 계획하고 실수를 줄이기 위한 시간이다. 운동선수가 아닌 우리의 삶은 언제 이런 '쉬는 시간'을 가질 수 있을까?

얼마 전부터 토요일 오전 7시에 하는 독서모임에 참여한다. 오전 7시부터 시작하는 모임에 참여하려면 그 이전에 집을 나서야 한다. 빨리 씻고 준비를 해도 6시경에는 준비를 시작해야 한다. 그렇게 서둘러 집을 나서서 모임장소에 가면 이미 와 있는 분들이 계신다. 왜 그들은 이른 아침, 그것도 주말에 더 잠을 자지 않고 추운 새벽바람을 맞으며 그곳에 올까? 또 다른 독서모임에서 모임의 이름을 지을 때, 독서모임의 시간이 '쉼'이 된다 하여 '맘, 쉼'이라는 이름을 정했다. 한 달 동안 각자의 곳에서 치열하게 살다가 하루 2시간, 새로운 에너지를 충전하고 그것이 곧 쉼이 되는 일이라 생각이 들어서였다. 내게 쉼이 되는 시간이 책과 함께 하는 시간이 됨은 참으로 건전한 일이다. 누구는 술로, 누구는 운동으로 오락으로 풀기도 하겠지만 책이 쉼이 되는 사람들과 함께하는 일은 내게는 그 무엇보다도 쉼이 되는 충분한 일이다. 이렇게 쉼이 되는 시간이 끝이 아니라 더 나아갈 수 있는, 재도약을 위한 스타트 지점이다. 잠시 멈추어 도끼를 갈았던 그 나무꾼처럼 말이다.

유명한 책이 여럿 있지만 내가 처음 만났던 《도서관에서 기적을 만나다》의 저자 김병완은 서울에서 근무하던 대기업을 그만두고 오로지 책을 읽기 위해 연고도 없는 도시를 찾아 내려간다. 그곳에서 3년간 도서관에서 미친 듯이 책을 읽어냈고, 이후 미친 듯이 글을 쓰고 책을 냈다. 그에게 그 3년은 새로운 삶을 살 수 있게 된 원동력이 되었다. 연구원으로 살던 삶도 의미가 있겠지만 잠시 멈춘 3년의 독서를 통해 자신을 찾는 삶을 살게 된 것이다.

지방에 사는 나는 가끔 서울에 가면 지하철을 주로 이용한다. 시간도 절약되고 낯선 곳도 버스에 비해 찾아가기 쉽다. 가끔 갈 때마다 지하철을 타다보면 사람들이 너무나도 바쁘게 움직이는 것이 보였다. 환승하기 위해 내리자마자 뛰어야 하고, 에스컬레이터에서도 서있는 사람을 거의 보지 못했다. 몇 번 이용하다보니 환승시간을 맞추기 위해 나도 같이 뛰고 있고, 에스컬레이터도 같이 걷게 되었다. 주변에 있는 사람들이 저마다 각자의 삶에서 바쁘게 지내고 있다. 다들 시간이 없고, 걷지 못하고 뛰어야 한다. 너무 뛰다보니 스스로 제어가 되지 못하는 사람도 있다. 꿈에 대해서 생각을 못하는 사람도 많은데, 꿈을 가지려면 먼저 나를 알아야 한다. 나를 알지 못하면서 내가 원하고 꿈꾸는 것을 알려고 하는 것은 앞뒤가 맞지 않는 일이다. 나를 찾는 일도 곧 잠시 멈추는 시간이 필요하다. 너무 바쁜 사람도 잠시 멈추는 시간이 필요하다. 계속 뛰다보면 걷는 것이 멈춘 것처럼 느껴지기도 한다. 속도 100으로 달리다가 50으로 줄이면 차가 멈춘 듯한 기분이 드는 것처럼 말이다. 그러나 그 차가 멈춰선 것은 아니다. 50의 속도로도 앞으로 나가고 있는 것이다. 삶의 키를 뽑지 않는 이상, 내 삶이 멈춘 것이 아니다.

잠시 속도를 줄이고 읽어내는 시간을 가지는 것이 필요하다. 나를 제대로 알기 위해서도 나머지 삶을 '잘' 살아내기 위해서도 잠시 멈추며 책을 읽어내는 것이 중요하다. 책을 읽다보면 나를 찾게 되고, 내 삶을 제대로 볼 수 있게 된다. 후반전을 잘 뛰기 위한 계획은 쉬는 시간에 결정된다.

나를 가로막는
벽을 뚫는다

'나'에 대한 수식어를 한 번 적어보자. 이 글을 읽고 계신 여러분도 함께 적어보면 좋겠다. '물리치료사, 두 아이의 엄마, 아내, 맏딸, 막내며느리, 계모임 총무 등' 나의 수식어들이다. 만약 이 모든 이름이 사라진다면 남는 것은 하나다. '나', '신화라'만 남는다. 그럼 '신화라'는 어떤 사람일까, 수식어를 빼고 설명이 가능할까?

40년 가까이 살아왔다. 그런 삶 속에서 나의 틀, 프레임이 생겼다. 나이 많으신 분들과 이야기 해보면 대부분 그들만의 프레임이 있다. 그것을 깨는 건 거의 불가능하고 어떤 분들은 약간의 틈조차도 없다. 그런 분들을 보면서 '틀에 갇혔다'고 생각했고, '나는 그러지 말아야지'라는 생각도 든다. 가끔씩 '아차' 싶을 때가 있다. 과연 후배들이 보기에 나는 고지식하지 않을까, 요즘 말로 '꼰대'가 되고 있진 않나, 나의 프레임에 갇혀 살진 않을까, 라는 생각을 할 때도 있다.

어제와 같은 오늘, 오늘과 같을 내일, 내일과 같을 미래. 매일 똑같이 반복되는 일상 속에서 내 미래는 밝지 않았다. 아픈 이들을 치료해 주어 낫게 해준다는 직업소명도 사라져 갔다. 진상환자들과 매일 싸워야 했고, 자기 잇속만 챙기는 원장과 결국 그의 편이었던 사무장과도 매일 긴장하며 관계를 이어나갔다. 많은 직장인들이 모두 자신의 만족을 채우는 곳에서 일을 하진 않겠지만, 나도 마찬가지였다. 그렇다고 이곳을 당장 박차고 나갈 용기도, 다른 일을 해볼 대안도 떠오르지 않았다.

그럴 때 내 손을 잡아준 것은 바로 책이었다. 책을 읽어보기로 했다. 어느 책에서 책을 읽으면 삶이 달라진다고 했던 것 같았다. 그런 기억에 내 관심분야였던 육아서적부터 읽기 시작했다. 일단 도서관으로 갔다. 도서관을 잘 이용하면 얼마든지 돈 들이지 않고 내 것으로 만들 수 있다. 읽고 싶은 책을 보는 것부터 시작해서 책이 없다면 타관대출을 신청한다. 같은 지역 다른 도서관에 있는 책을 가져다주는 것이다. 타관대출도 안 된다면 희망도서로 신청한다. 그 도서는 새로 입고되자마자 신청자에게 먼저 연락이 간다. 아무도 읽지 않은 새 책을 제일 먼저 읽게 되는 것이다.

책을 읽는 것은 용기가 필요하지 않았다. 잠시 시간을 내어 도서관에 다녀오는 것, 틈틈이 책을 펼칠 용기? 그 정도로도 충분했다. 다른 사람들 앞에 서는 것도 아니고, 혼자하는 일이라 얼마든지 할 수 있었다. 책을 계속 읽어갔다. 앞표지부터 뒷표지까지 글자같이 생긴 건 다 읽고 넘어가 속도가 느렸다. 책을 읽다보니 조바심이 생기기 시작했다. 계속 책은 읽고 있는데, 삶의 변화는 언제 나타나지? 안팎으로 생기는 변화를 기대했던 나는 그 전과 다름없는 나를 보고 조바심을 냈다. '책만 읽는 바보'가 되는 느낌이었다. 아니 그냥 '바보'가 되는 것 같아 두렵기도 했다. 그런 마음이 드는 동안에도 독서의 범위를 조금씩 넓혀나갔다. 아이들이 어려 육아서만 주로 읽다가 육아서적을 쓴 저자들이 추천한 책, 책 뒷날개에 소개된 책들을 읽었다.

어느 덧 육아서에서 시작해 심리학, 자기계발, 인문학 등, 내가 접해보지 못했고, 생각지도 못했던 책들을 읽고 있었다. 베스트셀러가 아니라 진짜 읽고 싶은 호기심이 생긴 것이다. 책을 읽으면서 일명 '돌 깨는 소리'를 많이 했다. '아! 그게 그런 거였어?', '너도 알고 있었어?', '와, 대박!' 물론 지금도 그렇지만 '아!' 하고 감탄 이후에는 '와~ 이런 걸 나만 몰랐어?'라는 생각으로 내가 정말 무식하게 살았구나, 바보 같구나, 헛똑똑이었구나,라는 생각이 들며 좀 더 일찍 책을 읽지 못한 것에 후회도 들었다. 하나를 알게 되니까 나 같은 사람이 있을까 봐 알려주고 싶고, 나누고 싶은 생각이 점점 들기 시작했다.

몇 년 전, 집에서 콩나물을 키웠다. 콩나물시루에 콩을 부어두고 계속 물만 주면 된단다. 아주 간단하다. 식물을 잘 키우지 못하는 나는 간단함에 '한번 키워봐?'라는 생각이 들었다. 작은 콩나물시루와 콩을 샀다. 내가 줄 수 있는 것은 오직 물뿐이다. 어두운 천으로 시루를 덮어두어야 콩나물이 잘 자란다. 빛을 보게 되면 색이 변하고 콩나물이 잘 자라지 못하게 된다. 콩나물시루에 물을 붓는 것은 그냥 밑 빠진 독에 물 붓기나 마찬가지다. 물을 준 만큼 다시 다 나와 버린다. '이게 잘 자랄까?'라는 생각도 든다. 어느 날, 물을 주려고 검은 천을 걷어보면 콩나물은 시루만큼 자라있다. 뿌리는 조금이라도 물을 더 빨아들이려고 잔뿌리가 많이 나와 있다. 파는 콩나물보다 약간 질기긴 하지만 맛은 콩나물 그대로다. 책을 읽으면서 변화가 없어 걱정했던 나는 콩나물이었다. 조금씩 자라나는 싹이었다. 물을 많이 빨아들이기 위해 잔뿌리를 많이 내리려고 노력했던 모습이었다. 천천히 눈에 보이지 않은 성장을 해왔던 것이다. 콩은 어느덧 싹이 나게 되고 조금씩 자란다. 그동안의 내 모습은 내 삶의 마이너스였던 부분을 0의 자리까지 채워나가는 시간이었지 싶다. 아직 지상으로 나오지 못한 새싹처럼 밑에서 꿈틀거리며 싹을 피울 시간을 기다리는 시간, 계속해서 책을 읽기 잘 했다는 생각이 드는 시간이다.

권고사직으로 일을 그만둘 때는 몇 개월은 실업급여가 나온다. 많은 돈은 아니지만 다른 직장을 구하며 최소한의 생활을 할 수 있는 금액이다. 자의로 그만둘 때도 실업급여를 받을 수 있게 해주는 장들도 있다. 실업급여라는 말이 자의로 받을 때와 타의로 받을 때의 느낌은 완전히 상반된다. 당시 실장이었던 나는 '남자실장'을 원한다는 이유 하나로 병원으로 그만둬야 했다. 지금도 말이 안 되는 이유였다고 생각하는데, 어쨌든 실업급여를 받으면서 갑자기 많아진 시간을 견뎌야 했다. 실업급여를 받으러 오는 사람들은 직장을 잃은 분들이다. 강의를 듣고 구직활동을 일정 횟수 이상 받아야 하는데, 구직활동도 많은 시간이 소요되는 것은 아니다. 그럼 남은 시간에 할 일이라곤 친구를 만나거나 집안일을 한다거나 하는 일들이었다. 약속을 잡는 일도 한두 번이고, 집안일을 매일 쓸고 닦고 하는 성격도 아니다. 그러다보니 의미 없이 TV를 보는 시간도 늘어나게 되고, 한동안 일을 하고 싶지도 않았다. 기시미 이치로의 《마흔에게》에서는 퇴직하고 할 일 없는 분들이 도서관에 간다고 하던데, 당시 권고사직 당한 나도 도서관에 갔다. 돈을 쓰지 않으면서 내 지식을 채울 수 있는 공간, 책을 고르는 그 시간도 행복해지는 시간. 서가에 서서 또는 쭈그려 앉아 있어도 행복한 시간이었다. 갈 때는 마음이 무겁게, 손을 가볍게 갔다가도 집으로 돌아올 때는 마음은 가볍게, 손은 무겁게 왔다.

몇 년 전 친정 엄마께 선물해주고 싶은 책이 생겼다. 바로《내 나이가 어때서?》라는 책이다. 저자인 황안나 작가님은 교사로 퇴임하시고 다른 인생을 살고 계신 내용을 책으로 엮으셨다. 60살이 넘어 걸어서 국토대장정을 했고, 그 내용을 카페에 올리기 시작했다. 요즘은 어르신들도 스마트폰을 많이 하시고, 인터넷에 친숙하시지만 2000년대 초반에 출간된 책이니, 작가님의 연배에서는 '새로 배워야 할 어려운 것'이라는 인식이 더 강했을 거다. 그런 분이 더듬더듬 인터넷을 배워서 자신의 이야기를 카페에 올리고, 그 연세에 걸어서 국토대장정을 시도했다.

오소희 작가님의 여행책들이 있다. 당시 미혼으로 그 책을 읽었는데, 엄마 혼자 아이를 데리고 배낭여행을 다니는 작가님의 모습이 참 낯설었다. 그 책을 읽으면서 '아이가 있어도 해외에 나갈 수 있고, 자유여행도 가능하구나, 아이랑 둘만의 여행도 가능하구나'라는 생각들을 했던 기억이 아직도 선명하다. 내겐 그런 스토리가 충격적이었나 보다. 왜냐면 내 주변에는 그런 사람도 없고, 그렇게 한다해도 '못한다'고 말하는 사람들이 대부분일 테니까.

책은 많은 편견을 깨도록 도와주고, 그동안 내게 '안 돼!'라고 했던 주변인, 그리고 나 자신에게 반기를 들 수 있게 도와주었다. 세상엔 많은 저자들과 책이 있다. 그들은 서점에서 도서관에서 때로는 헌책방에서 나의 틀을 깨고 싶은 사람 또는 내 앞에 가로막힌 벽을 뚫고 싶은 사람을 기다린다. 그들은 언제든 나를 도와줄 준비가 되어 있다. 내가 손만 뻗으면 그들은 언제든지 손을 잡아줄 것이다. 손을 뻗을 용기가 필요하다. 선택은 본인 자신이다.

살기 위해 읽는다

충격으로 다가왔던 '알파고와 이세돌의 바둑대결'이 벌써 몇 년
이 지났다. AI(인공지능)는 어느덧 우리의 삶속에 가랑비에 옷이 젖
듯 스며들었다. 얼마 전 신문에선 중국의 AI 아나운서가 뉴스를 방
송하는 모습도 소개했다. 말로만 듣던 4차 산업혁명이 알게 모르게
진행되었고, 지금도 진행되고 있다. 곧 대형 마트에는 사람이 있을
필요도 없을 것이고, 계산하느라 줄 설 필요도 없이 물건만 들고 나
오면 알아서 계산이 되는 시대가 될 것이다. 취미로 날리던 드론이
택배까지 해주고, 드론 택시도 개발 중이란다. 뭔가 세상이 어릴 때
상상했던 '미래도시'가 되는 게 아닐까, 우리가 살던 마을, 도시가
전혀 다른 모습으로 바뀌진 않을까, 살짝 두렵기도 하고 잘 적응할
지 걱정도 된다.

많은 전문가들은 이런 4차 산업혁명 시대를 잘 살아가기 위해서
는 인간과 기계가 경쟁하지 못하는 일을 하라고 말한다. 많은 직업
이 곧 사라진단다. 그 중에는 이제껏 선망의 대상이 되었던 전문직

도 다수 포함되어 있다. 단순 노동을 하는 공장직이나 마트에서 계산을 도와주는 캐셔 같은 직업뿐만 아니라 변호사, 아나운서, 교사 등 전문직도 말이다. '왓슨'이라는 의사 얘기는 많이 들어봤을 것이다. 왓슨은 데이터 수집량이 사람과 비교할 수 없다. 대학병원에서 이미 왓슨의 정확한 진단에 환자들이 AI의사를 선택하기도 했다. 그런 인공지능을 사람이 따라간다는 것은 달리기 올림픽 금메달 리스트와 이제 걸음을 걷기 시작한 아이가 달리기 시합을 하는 것과 같다. 같은 시대를 사는 사람들은 기계를 이길 수 없다. 아니 인공지능을 이길 수 없다. 그걸 한 번 인정해야 한다. AI를 이기려고 책을 읽고, 데이터를 수집하는 것이 아니다. 사람은 사람만이 할 수 있는 것으로 스스로를 지켜나가야 할 때가 된 것이다.

스스로를 지켜나가기 위해 책을 읽기 시작한 사람들이 많다. 평범한 주부가 형편이 너무 어려워져 살기 위해서 책을 잡은 이야기, 아이 둘을 키우며 맞벌이를 하는 워킹맘이 모든 일과를 마치고 홀로 '미라클 미드나잇'을 하면서 책을 읽기 시작한 이야기, 대기업을 다니던 한 가정의 가장이 문득 자신이 바닥에 뒹구는 낙엽과 같다고 느껴 사표를 쓰고 3년간 천 권을 읽은 이야기, 모든 걸 다 잃고 차가운 감방에서 책을 읽기 시작한 이야기. 조금만 살펴보면 나보다 더 안 좋은 상황에서 책을 잡고 독하게 읽은 사람들을 만날 수 있다. 앞의 예를 든 사람들은 실제로 현 시대를 함께 살고 있는 사람이다. 내가 한 번씩은 모두 만나본 사람들이고, 책을 쓴 작가이기도 하다. 이 외에도 많은 사람들이 자신을 제대로 지키기 위해 책을 읽고 있다. 삶의 절실함이 느껴질 때 책을 잡느냐 못잡느냐에 따라서 그 위기 대처 능력에 차이를 보이기도 한다. 마음의 여유가 없어서 독서를 못한다고 하는 사람도 많다. 생활하기 너무 힘이 든데 무슨 책이냐고. 책을 읽는 것 자체가 사치같이 느끼는 사람들도 많다. 조금만 생각을 바꿔보면 '사치'가 아니라 '생존'임을 알 수 있는데, 그렇지 못한 사람들이 안타깝다.

누구에게나 시간은 공평하다. 부자든 가난한 사람이든, 하루에 주어지는 시간은 똑같다. 그 시간 속에 책 읽는 시간을 조금씩 넣어보면 좋겠다. 책은 '사치'가 아니다. 나의 시간을 내어주는 아주 작은 수고만 하면 충분히 내 삶에 책이 들어오게 된다. 사실 내 인생을 변화시킬 수 있는 아주 저렴한 방법이 책 읽기다. 만 원, 만 오천 원만 투자하면 된다. 아니 공짜로도 할 수 있다. 새 책을 못 산다고 할 수 없는 것도 아니다. 요즘은 온오프라인에서 모두 중고서점이 성행한다. 저렴하게 책을 구입해서 읽는 방법, 그것도 안 된다면 주변에 있는 도서관을 이용할 수 있다. 요즘 도서관은 정말 가까운 곳에 있다. 큰 도서관도 있지만 주민 센터에 있는 작은 도서관을 이용하는 것도 좋다. 주민 센터의 작은 도서관은 말 그대로 규모는 작다. 많은 책이 구비되어 있진 않지만 큰 도서관만큼 오래되지 않고, 이용자 수가 적어 새책이 많다. 보통 시에서 운영하기 때문에 시립도서관 카드로 통합되어 운영된다. 작은 도서관도 멀다면 아파트 도서관을 이용하는 방법도 있다. 이곳은 대단지 아파트에 주로 있어서 그 근처에 살아야 이용할 수 있다는 단점이 있다. 관심 있게 보고 이용하는 사람이 그리 많지 않고, 아파트에 도서관이 있다는 것을 모르는 사람도 많기 때문에 이곳 역시 새 책이 많다. 큰 도서관이든 작은 도서관이든, 아파트 도서관이든 공통점은 내가 보고 싶은 책이 없을 때 희망도서를 신청할 수 있다. 연말이 가까워지면 희망도서 신청이 종료가 되지만 그 이전에는 언제든지 희망도서를 신청할 수 있다. 내가 신청한 도서는 도서관에서 엄선하여 입고시킨다. 대부분의 도서는 희망도서로 들어오게 된다. 그렇게 들어온 도서는 신청자에게 제 1순위로 대출이 되기 때문에 새 책을 내가 제일 먼저 읽게 되는 행운도 함께 얻을 수 있다. 단, 많은 사람들이 읽을 책이기에 밑줄을 긋거나 손상이 가지 않게 읽는 센스는 장착해야 한다. 도서관 책을 읽을 때는 인덱스 테이프가 유용하다. 노트를 옆에 두고 읽는 경우도 있지만 인덱스를 붙이게 되면 나중에 그 책을 정리하기에 좋다. 기억하고 싶은 부분에 인덱스를 붙이고, 반납하기 전에 다 제거하면 된다. 아이가 학생이라면 학교 도서관에서 학부모 이름으로 대출증을 발급해준다. 학교 도서관에는 학생 위주의 책이 많지만 또 한 켠에 선생님과 학부모를 위한 책도 들어와 있다. 학교 일과 시간 내에 가야 하고, 요즘은 학교에 외부인 출입이 엄격하여 불편한 면은 있지만, 주민센터 못지않게 사용감이 적은 책들이 많다. 내가 잘 가는 헌책방은 절판된 책을 찾을 수 있어서 즐겨 이용한다. 주인아저씨께 "깨끗한 책으로 찾아주세요."라고 하면 같은 책도 깨끗한 책으로 찾아주신다. 저렴하고 깨끗한 책을 찾는 재미에 헌책방도 종종 이용한다.

책을 이렇게 곳곳에서 구하는 이유는 내가 잘 살기 위해서다. 누가 시켜서 억지로 하는 공부는 머리에 남지도 않고 재미도 없다. 삶의 절실함이 있을 때 잡게 되는 책, 내 필요에 의해 읽게 되는 책은 어느 교과서보다 더 재미있고, 잘 읽혀진다. 빌려 읽은 책 목록을 잊지 않으려고 블로그에 읽은 책을 올리기 시작했다. 그 기록들을 보면 그 당시 나의 관심사가 눈에 보인다. 아이를 잘 키우고 싶어서, 어떻게 키우는지 몰라서 책을 통해 알아가는 시간이 있었다. 한동안 책 속의 다양한 육아 이야기와 조언들을 통해 조금씩 성장해왔다. 육아에 대한 내 가치관, 육아 정체성을 만들어나가는 시간이었다. 책은 내가 어떻게 살아야 할지 알려준다. 병원에서 근무하지만 주사 맞고 약 먹는 것만 건강을 지키기 위한 최선이라 생각해왔다. 건강 서적을 계속 읽어보면 감기 걸렸을 때 어떻게 해야 하는지, 건강한 몸을 유지하기 위해 뭘 해야 하는지 알려준다. 내가 잘못 하고 있었구나, 예방하고 관리해야겠다는 생각이 든다. 경제서적을 읽으면 어떻게 돈을 모아야 하는지, 어떤 정보를 받아들여야 하는지 옥석을 가릴 수 있는 눈을 키우게 된다. 교육서적, 육아서적, 환경서적, 역사, 인문 등등 차고 넘치는 정보시대다. 이제 내가 원하기만 하면 다 얻을 수 있는 살기 좋은 시대다. 좋은 외국서적은 훌륭한 번역가들이 알아서 번역해주고 여행서적은 가보지 못한 곳을 미리 가볼 수 있고, 새로운 정보를 얻을 수 있다.

산에 가면 방향을 잘 알아야 한다. 사막에서도 나침반이 없으면 계속 같은 자리를 맴돌 수 있다. 이사할 때도 방향을 잘 알아야 한다. 잘못하면 낮에 해가 들지 않고 겨우 초저녁에나 해가 드는 집에 살 수도 있다. 예전 직업군인이셨던 삼촌은 내비게이션이 나올 때도 지도를 보고 목적지를 찾았다. 꽉 막힌 사람이라고 느낄 수 있었지만, 삼촌은 방향을 알고 지도를 읽을 줄 알아야 한다고 했다. 편하게만 살다보면 갑자기 닥친 위기상황에 어디로 가야 할지 모를 수도 있다고 하시면서 말이다.

삶의 나침반도 지도도 분명 필요하다. 책은 그런 역할을 한다. 아무리 빠른 시대, 편하게 살 수 있는 시대가 와도 우리의 존재 자체는 변하지 않는다. 나의 '가치'라는 원석을 보석으로 다듬어 갈 수 있는 것도 독서의 힘이다. 정말 평범하고 생계에 급급하던 사람들이 독서로 사람들 앞에서 강의하고, 책을 쓰고, 삶이 변화하는 모습을 보면 그 정도까진 아니라도 내가 변화하는 모습을 볼 수 있게 될 것이다. 책을 읽으면 성장한다고 읽는 책마다 말했다. 나도 성장하고 싶어서 책을 읽기 시작했다. 계속 읽어도 성장한다고 느껴지진 않았다. 그래서 더 읽었다. 이제는 책을 놓으면 다시 예전의 삶으로 돌아갈까 봐 읽게 된다. 원래대로 살지 않기 위해서, 변화된 삶을 살아가기 위해서 책을 잡는다. 내게는 이제 책이 삶의 일부분이다. 내 삶의 나침반이 되어주고 내비게이션이 되어준다. 아날로그 지도도 되었다가 갈림길에선 이정표도 되어준다. 그냥 있으면 사는 것이 아니라 살아야만 그냥 있을 수도 있다. 그 삶에 독서가 있다면 그냥 있어도 빛나는 보석으로 더 다듬어져 갈 것이다.

지금이 내 삶의
피크타임이다

오늘은 내 삶의 최고의 날이다. 내가 앞으로 살아갈 날 중 오늘이 제일 어리게 살 수 있는 날이다. 어리다는 것은 무엇이든 시도해볼 수 있다는 뜻이다. 모험이 가능하고 도전이 가능하다. 모험과 도전. 비슷한 단어 같지만 미묘한 차이가 있다. 사람들이 간과하고 있는 것은, 내일이 나에게 과연 보장될 수도 있고 안 될 수도 있는데, 모두들 '당연히 보장된다'고 생각하고 있다. 물론 안 된다고 생각하면 삶의 희망이 없어질 수도 있지만, 너무나 당연시 생각하기 때문에 '오늘'을 '지금'을 소홀히 하는 경우도 많다.

아인슈타인은 "어제와 똑같이 살면서 다른 미래를 기대하는 것은 정신병 초기 증세다."라는 말을 했다. 지금 자신이 다른 미래를 기대하면서 어제와 똑같이 살고 있진 않은지 한번 살펴볼 때다. 20대, 30대 일반적으로 젊다고 생각하는 나이만 젊은 것이 아니다. 50대, 60대라도 지금이 최고의 시기이다. 무엇을 시작해도 좋을 나이, '리즈' 시절 말이다.

내가 어릴 적에는 한 번 들어간 회사에서 쭉 일하고 정년퇴직하는 시대였다. 젊은 평생 회사에 충성하고 퇴직을 하면 갈 곳이 없었다. 그런 아버지들이 산에도 가고, 기원에도 가고, 공원 같은데서 계시는 모습을 종종 보기도 했다. 그 중에서 더 부지런하신 분은 퇴직 전에 어떤 직급이었는지 상관하지 않고 아파트 경비로 일하시기도 하고, 작은 회사에 들어가려고 면접을 보는 분도 계셨다.

얼마 전 신문에서 맥도날드 최고령 크루가 소개되었다. 1928년 생이신 올해 91세 되는 임갑지 할아버지다. 한국전쟁 때 미아리전투에 참가하셨다는 그는 현재 맥도날드 미아동에서 근무하고 계신다. 최고령이라는 나이도 놀랍지만 그곳에서 16년간 일을 하고 계신다고 했다. 그 일을 시작하신 나이도 적지 않았다는 뜻. 70대 중반에 맥도날드에 들어가서 일을 한다는 것 자체가 다른 이들에게는 무모한 시도였을지도 모른다. 할아버지는 다른 젊은 아르바이트 생 못지않게 부지런히 움직이며 일을 하고 계신다고 한다.

나이 드는 것이 문제가 아니라 내 마음가짐이 어떤지가 문제다. 나는 20대이면서도 40대처럼 살 수 있고, 60대라도 30대처럼 살 수 있다. 어떤 책에서 보니 한 남자가 30년간 회사에서 일하고 정년퇴직을 했다. 일하는 30년간 인정받고 본인도 만족했다. 퇴사 후 30년간은 그저 아무것도 하지 않은 채 90대를 맞이하게 되었다고 후회하며 이제 외국어를 배우겠다고 했다. 미국의 한 할머니는 70대에 그림을 그리기 시작했다. 이후 30년 가까이 그림을 그리며 전시회도 열었다. 한글을 모르던 70대 할머니들이 한글을 배우고 시집을

냈다. 글씨도 삐뚤빼뚤하고 투박하게 느껴지지만 시에 담긴 감성만
은 10대 소녀 못지않았다. 정말 내가 어린 시절에는 70대라고 하면
뒷방늙은이 취급을 당했던 게 사실이다. 소수의 몇 분만 제외하면
기력도 딸리고 말 그대로 죽을 날만 기다리는 그런 느낌으로 다가
온 70대였다. 이제는 시대가 달라졌다. 70대든, 80대든 90대든, 내
가 하고자만 한다면 얼마든지 할 수 있는 시대가 지금이다.

　얼마 전 구청에 갔다가 커피를 한 잔 했다. 여느 카페와 다름없
이 구수한 커피향이 가득한 곳이다. 커피 값도 착하고 맛도 좋다.
특이한 점은 일하시는 분이 모두 나이가 지긋하신 분이다. 그곳은
'실버카페'로 퇴직하신 분들 중 바리스타 자격증을 따고 커피를 공
부한 분들이 시의 지원을 받아 창업한 곳이다. 그렇게 생산활동을
적극적으로 하고 계신 분들을 보면 내 기분도 좋아진다. '나도 나이
가 더 들어도 볼품없이 살아가진 않겠구나, 뭐든지 배우고 익히면
사회에 일조를 할 수 있겠구나'라는 생각도 들기 때문이다. 나이가
들어도 배울 게 많다는 나의 시어머니는 바쁘시다. 새로운 음식 조
리법이라든지, 한자공부, 불교 공부. 이번 학기에는 동화구연도 배
우러 다니신단다. 유치원 선생님을 하셔도 어울릴 듯한 어머니에게
꼭 맞는 수업인 것 같다. 내 삶, 나 자신에 대해 생각해보고 고민하
는 시간이 필요하다. 그래야 내가 무엇을 원하는지 알 수 있다. 여
행을 가도 되고 많은 것을 배워서 알아낼 수도 있지만, 그 중의 하
나가 역시 독서, 책 읽기다. 책을 읽다보면 저자들이 계속 같은 말

을 한다. "꿈을 찾아라.", "당신의 꿈은 무엇인가요?" 참 기분이 나빴다. 꿈이 없는 사람에게 계속 꿈을 물어보고 말하라니. 덮어두고 다른 책을 읽기도 했다. 뒷걸음치다가 똥 밟는다고 또 그 책에서 내게 꿈을 물어본다. '왜 이러세요, 나는 꿈이 없다니까!' 그런 내게 책은 계속 이렇게 말했다. '아닐 걸, 너 안에 꿈틀거리는거 있잖아. 그게 꿈이야. 한번 밖으로 꺼내봐.' 계속되는 책의 프로포즈. 결국 책이 이겼다. 내 안에 잠재되어 있던 글쓰기에 대한 열망을 끄집어냈다.

결혼 전 친구들과 찍은 사진을 친한 동생에게 보여줬다. "이거 언니 리즈 시절인데요?" '리즈'라는 단어가 생소해 찾아보니 축구와 관련되어 나오게 된 신생어로 '황금기, 전성기'라는 뜻이란다. 결혼 전이라 지금보다 당연히 젊었지만, 그 시기가 나의 전성기였나, 라는 생각이 들었다. 과연 나의 '리즈 시절'은 언제지? 고등학생 때도 리즈 시절이고, 20대 때도 리즈 시절이다. 결혼 후 신혼 때도 리즈 시절이고 지금도 리즈 시절이다. 다 리즈 시절이고 전성기라면 웃긴다고 할 수 있겠다. 이름이야 내가 붙이기 나름 아닌가? 글을 쓰고 있는 지금도 내 리즈 시절이다. 내 삶을 그래프로 그려본다면 오르락내리락 하겠지만 결국 상승선이다. 떨어질 때는 다시 오를 수 있으니 좋고, 오를 땐 또 오르는 맛에 좋다. 어떤 것이 좋고 나쁨이 아니라 내 삶을 내가 이름 붙이고 사는 건 오로지 내 마음먹기다. 사실 결혼 후 육아를 시작하는 여성들에게 그 시기는 내리막 시절이 대부분일거다. 내게도 그 시절이 내리막 시절이라 생각이 들었다. 친구들보다 조금 일찍 결혼하고 아이를 낳았으니 매일 아이와 씨름하는 아줌마의 모습은 그렇지 않은 아가씨인 친구들의 모습과 대비되니까.

그러나 내게는 그 시기가 오르막 시절이 된다. 아이 덕분에 놓고 살았던 책을 다시 잡았으니까. 아이는 내게 기회를 준 소중한 인연이다. 그동안 힘들었던 육아가 왜 힘들었는지 책을 통해서 알게 되고, 그 의미를 찾게 된다. 그렇게 이어져 심리학도 들여다보게 되고, 아이만 바라보는 엄마가 아닌, 아이와 나란히 걷는 엄마로 살기 위해 자기계발서도 보게 된다. 아이의 건강을 위해 건강서적도 읽게 되고, 정신적 양분을 위해 고전도 읽게 된다. 이 모든 것이 내리막길 같았던 '육아' 덕분에 나의 또 하나의 리즈 시절이 완성됐다.

'어휴, 내가 10년만 젊었어도 저걸 할 수 있지.' 지난날에 대한 후회나 아쉬움은 누구나 있다. 중, 고등학생 때에는 입시준비로, 대학생 때에는 공부와 알바로, 취업 후에는 그냥 그렇게 일도 바쁘고, 피곤하다고, 결혼 후에는 직장과 가정에서 두 가지 일을 동시에 해내느라, 아이가 어릴 땐 피곤하니까… 너무나도 많은 핑계로 지금 돌아보면 정말 아까운 시간들이다. 이제는 매일 그런 핑계를 대면서 시도조차 하지 않는 삶을 살지 않으려 노력한다. 지금도 어떤 핑계를 대고 있는지도 모른다. 대신 내가 핑계대고 있는 것을 알아차리는 일도 중요하다. 매일 나와의 싸움이고 도전이다. 매일 그렇게 내 삶을 아쉬워하고 후회하면서 살길 바라지 않는다. 자기 삶을 어떻게 살 것인지는 자기만 알고 결정할 수 있기에 나는 핑계대지 않고 살고 싶다.

내가 살고 있는 곳과 가까운 진해에는 매년 3월 말~4월 초에 진해군항제가 열린다. 진해에 있는 벚꽃은 다른 곳에 있는 그것과 확실히 다른 매력이 있다. 벚꽃의 씨알이 굵다고 해야 하나, 여튼 타 지역의 벚꽃과는 비교할 수 없는 아름다움이 있다. 단점은 조금만 늦게 가도 벚꽃이 흩날리며 떨어져버린다는 것. 씨알 굵은 벚꽃들이 절정일 때 가야 예쁘다. 다 떨어지면 또 다음해를 기다려야 한다. 내일 보러 간다고 내일 벚꽃이 기다려주지 않는다. 다행히 운 좋으면 바람에 흩날리는 벚꽃비를 맞을 수 있다는 정도다. 벚꽃은 기다려주지 않지만 내 삶의 피크타임은 내가 정하기 나름이다. 내 삶의 피크타임은 바로 지금이다. 떨어져서 소멸하는 게 아니다. 늘 씨알이 굵진 않겠지만 어느 날은 조금 모자라게, 어느 날은 풍성하게 만들어진다. 모자라도 풍성해도 그 모두가 다 내 삶이다.

숨은 멘토 찾기

어릴 적엔 엄마의 말이 다 맞다고 생각했다. 학교에 입학하고 나선 선생님 말씀을 곧잘 들었다. 그런 나를 보며 엄마는 "선생님 말씀 듣는 것만큼 엄마 말도 좀 들어봐라."라고 하시기도 했다. 엄마와 선생님은 내 인생에서 볼 때 최고이고 그분들이 하는 말씀은 다 옳은 것이었다. 나보다 먼저 살아보고 경험했기 때문에 그것이 틀릴 거라고 의심도 하지 않았다. 조금씩 더 나이를 먹으면서 그분들과 나의 생각이 달라지면서 '어른들이 그것도 몰라?'라는 생각을 하기도 했다. 지금은 안다. 나이가 들어도 알지 못하는 게 있고, 옳지 않은 것이 얼마나 많은지.

'멘토'라는 말이 갑자기 사회에 쏟아지기 시작할 때만 해도 멘토는 그저 나보다 나이가 많은 사람만 되는 것이고, 교수처럼 좀 사회적으로 괜찮은 사람이 되는 거라 생각을 했다. 딱히 '멘토'라고 부를 만한 사람이 없었던 나는 내가 아는 선생님이나 교수님을 '멘토'로 생각해본 적도 없다. 나는 '멘토'가 없었지만 그리 필요하지도 않았다. 시간이 흐르면서 대학생들이 중고등학생과 멘토-멘티 관계를 맺고 학습이나 진로에 대해서 상담해주는 것을 봤다. '아, 굳이 나이가 많지 않아도 그렇게 멘토가 될 수도 있구나,' 새롭게 멘토를 생각하는 계기가 되었다. 친구따라 갔던 교회에서 나보다 나이가 한 살 어린 동생이 있었다. 그 동생은 나이는 어리지만 오랜 기간 교회를 다녔고, 믿음이 강한 아이였다. 처음으로 나보다 어린 사람에게서도 배울 점이 있다는 걸 알게 해준 사람이었다. 특별한 계기는 없었지만 매주 보면서 언행, 태도 같은 것이 바르고 믿음이 간다고 당시 생각했던 기억이 난다. 그 아이와 좀 더 친하게 지냈다면 더 많은 것을 배울 수 있었을 텐데, 그렇지 못한 것이 아쉽다.

내 지인 중 한 분은 자신에게 멘토가 있다고 말한다. 그분과 이야기를 나누면 고민이 해결되고 마음이 평화로워진다고 한다. 문제를 해결해주는 것은 아니지만 문젯거리가 사라진다고 한다. 그러면서 스스럼없이 그분을 멘토라고 부른다. 그 얘기를 들을 때면 참 부럽다. 내게도 멘토가 있으면 좋겠다는 생각을 많이 했다. 누군가가 내 이야기를 들어주고 그냥 한 마디 툭 던져 주는 게 필요했다. 멘토에 대한 갈증이 언제부터 이렇게 생긴 건지 모르겠지만, 멘토가 있는 지인이 부럽기도 하다.

사실 내게도 멘토가 있다. 아니 많다. 김미경, 이지성 같은 굵직

굵직한 분들부터 같은 시대를 살지 못한 공자, 다른 나라에 살고 있는 외국 사람도 있다. 놀라운 건, 이들이 내게 맞는 시간을 내어준 다는 것이다. 사실 이분들은 만나기 힘든 분들이지만, 특별히 내게 는 내가 원하는 시간, 원하는 장소에 척척 나와 준다. 다들 예상하 셨겠지만 그분들은 다 책에 계신다. '멘토'라고 이름 붙인 것도 내 마음대로다. 그분들은 전혀 생각 없겠지만 '내가 당신을 나의 멘토 로 지정합니다.'라고 멘토 작위를 내리면 된다. 내 마음이다. 그래서 더 재밌다. 나의 멘토는 도서관에도 있고, 서점에도 있고, 우리 집 한편에도 있다. 다만 내가 진심을 가져야 내게 멘토가 되어준다. 책 장을 넘기지도 않았는데, '옛다 먹어라'하고 주진 않는다.(구체적인 방법은 다음 장을 참고하길 바란다.)

세상엔 거저 되는 것이 없다. 내가 열심히 구해야 얻을 수 있다. '두드리고 구해야 열린다.' '열려라 참깨'가 아닌 이상 말만 하면 열 리지 않는 것이다. 두드리는 액션을 취해야 열린다. 멘토들은 그렇 다. 내가 노크하고 두드리면 그때 나온다.

아이를 조금 키워본 엄마들은 아이의 표정만 봐도 안다. 배가 고 픈지, 어디가 불편한지 알아서 척척 찾는다. 기저귀를 살펴보고 아 니면 먹을 것을 줘보고, 아니면 졸린 것인지 안아서 재워본다. 경우 의 수가 있지만 예측이 가능해진다.

반면에 아기를 낳은 지 얼마 안 되는 초보 엄마는 아이가 울면 당황한다. 미리 예습을 했어도 실전은 처음이니 아이가 우는 게 왜 우는 건지 알 수가 없다. 이런 경험을 하다보면 몇 달 뒤에는 아이가 원하는 것을 예측할 수 있다. 아기 입장에서 보면 울면서 요청한다. 울지 않으면 아무 일도 일어나지 않기 때문에 울음으로 의사를 표시한다. 배고프다, 잠이 온다, 심심하다, 기저귀가 축축해. 우리가 멘토에게도 이렇게 의사를 표시해야 한다. 아무런 요청 없이 멘토들의 글만 읽는다고 모든 것이 다 내 입으로 들어올 수가 없다. 구체적인 요청을 가지고 책을 읽어야 멘토들은 제대로 된 답을 해준다.

어디에 어떤 멘토가 숨어 있을진 아무도 모른다. 작정하고 찾으면 눈에 보이지만 그렇지 않다면 다 똑같아 보인다. 어릴 때 '월리를 찾아서', '매직아이' 같은 것들이 유행했다. 월리는 빨간 옷을 입을 월리가 마을 속에 있는데, 다 비슷해 보인다. 정말 작정하고 하나하나 다 찾아봐야 월리를 찾을 수 있다. 매직아이는 착시효과를 이용한 것인데 집중해서 보면 다른 그림이 보인다. 언뜻 보면 볼 수 없는 것들이다.

책을 좋아하는 사람 중에서도 자기계발서를 읽지 않는 사람은 '그 말이 다 그 말이고, 나도 다 아는 내용'이라고 말하는 것을 봤다. 맞다. 다 그 말이다. 자기계발서를 읽는 사람도 시간이 남아돌아 읽는 것은 아니다. 뻔하게 느껴진다는 그 말을 읽으면서 깨닫고, 내 삶에 적용시켜 나가는 것이다. 읽지 않으면서 또는 읽어도 그렇게 말하는 사람들은 눈으로만 읽는 것이다. 멘토들의 마음을 읽지 못할 것이다. 활자만 읽으라고 책을 쓰는 건 아닌데 말이다. 그 사람의 삶을 변화할 수 있게 돕는 혼신의 힘을 다하는 일인데, 그렇게 말하는 것을 들으면 얼마나 안타까운지 모른다.

　글을 쓰는 사람은 매일 글을 쓰라고 하고, 운동을 하는 사람도
매일 운동을 하라고 한다. 습관을 만들어나가는 사람들도 꾸준함을
이야기하고, 영어 등의 어학이나 공부도, 독서법을 알려주는 사람도
모두들 한결같이 꾸준함을 이야기한다.

　인간관계를 말하는 사람들은 경청하고 내 말을 줄이라고 하고,
마케팅을 말하는 사람들은 나만의 브랜드를 만들라고 한다. 블로그
같은 SNS관련 책에서도 꾸준함과 정성을 담으라고 이야기한다. 다
맞는 말이다. 독자님들도 보시면서 공감하실 거다. 이런 내용이 앞
에서 말하던 뻔한 이야기들이다.

　책의 저자들은 이런 뻔한 이야기들을 왜 한결같이 말하고 있을
까? 그런 궁금증이 생기지 않나? 정말 그들이 독자들에게 아니 어
느 독자 한 명이라도 자신의 말을 듣고 실천하고 변화하도록 만들
수 있다면, 그 책이 세상에 나온 이유가 될 것이다.

　반대로 그럼 책을 읽는 우리는 우리가 읽는 한 권에서 단 하나만
이라도 내 것으로 만든다면 그 책을 선택하고 시간을 내어 읽은 보
상을 받는 것이 된다. 이 얼마나 쉬운 일인지. 책의 저자들은 멘토
를 자처하며 다 퍼주려고 하고 있고 독자인 우리는 냉큼 받아먹기
만 하면 되는 일이다.

　운동화가 다 떨어져 새로 사려고 했다. 인터넷 쇼핑으로 여러 가

지를 보고 장바구니에 담아둔다. 충동구매를 방지하기 위해서다. 그 이후로 길을 지나다보면 평소에는 그냥 스쳐지나갔던 가게에 운동화를 판다는 것을 알게 된다. 사람들의 발만 처다보면 운동화 신은 사람이 참 많이 띈다. 세상에는 아주 다양한 운동화가 존재하는 것을 알게 되고, 내게 맞는 운동화를 고르는 일이 점점 어려워진다. 근처 가게에 들어가 운동화를 한번 신어보기로 한다. 진열된 많은 운동화들 중에서도 내 마음에 꼭 드는 운동화는 없다. 인터넷 쇼핑몰에서도 마찬가지다. 그렇게 포기하고 또 얼마 지나면 계속 운동화를 사야 하는데…라는 생각이 든다.

결국 인터넷으로 또는 매장에 가서 처음 봤던 운동화를 구입한다. 구입하는 순간부터 그 운동화는 100% 마음에 든다. 내 발에 딱 맞는 신발을 이제야 찾은 거다. 때가 묻지 않게 운동화를 신고 다닌다. 딴지거는 사람이 그 운동화 비싸게 샀네, 너한테 안어울리네 말해도 일단 내가 구입한 내 신발이다.

책 속에 숨어있는 멘토들도 운동화 고르기와 같다. 항상 그 자리에 있는데 내가 모르고 지나쳤을 시간이 많았다. 사실 누가 나의 멘토가 되어줄진 아무도 모른다. 지난번에도 봤지만 지금 보면 감동이 두 배가 될 수도 있고, 갑자기 내 인생의 책이 되는 경우도 있다. 아이들과 숨은 그림찾기를 가끔 한다. 어릴 적 많이 했었는데, 지금 해도 재미있는 것도 많다. 책에서 멘토 찾는 것도 숨은그림찾기와 같다. 재미있는 게임이다. 누가 될지 모르고, 누가 먼저 찾을지도 모른다. 그냥 한 번 해보는거다. 없으면 말고, 다음에 찾아도 된다. 대신 계속 찾아야 감을 잃지 않는다. 하다보면 내가 멘토가 되고 싶을지도 모른다. 멘토가 되어 열정적인 멘티를 만난다면 내가 가진 것을 다 퍼주고 싶은 마음이 들때가 생길지도 모르겠다.

어떻게 읽어야
하는가
HOW?

읽겠다는 결심이 먼저다

초등학생 때 학교에서 받은 국어사전이 있었다. 초등학생용으로 쉽게 풀이가 되어 있었고, 뒤편 부록에는 우리나라 속담풀이가 있었다. 재미있어서 즐겨봤던 기억이 난다. "시작이 반이다."라는 속담은 참 이해가 가지 않는 것 중에 하나였다. 시작을 하면 아직 시작점 근처인데 왜 '반'이라고 하는지, 당시 초등학생의 머리로는 이해하기 힘들었다. 그냥 문맥상 이해하고 지나갈 뿐이지 그 말을 완전히 이해하게 된 것은 한참 후였던 것으로 기억한다.

얼마전 한 개그맨이 "시작이 반이다."를 '시작은 반이 아니라 시작일 뿐'이라며 속담, 격언을 냉정한 사회 분위기에 맞게 해석을 했더라. 그걸 보고 참, 그 사람답다는 생각을 많이 했는데, 또 다른 한편으로는 호응이 너무 좋은 걸 보니, 우리 사회가 그렇게 변했다는 게 느껴져서 약간 서글퍼졌다. 아무튼 "시작이 반이다."라는 속담의 진정한 뜻은 다들 알겠지만 시작을 하기까지가 얼마나 힘들고, 오래 걸리는지 말해주는 의미다. 많은 사람들이 그 '시작'을 하지 못해서 일을 완성하지 못하거나, 생각으로만 그치는 경우가 많다. '시작'만 하면 '반'이나 된다는데, 왜 그렇게 시작을 하지 못할까.

어떤 취미를 시작할 때 필요한 장비를 싹 갖춰서 하는 사람이 있다. 낚시장비라든지, 볼링장비, 배드민턴 장비 등 일단 장비가 갖춰지면 잘 하기 쉽다. 무거운 라켓보다 가벼운 게 낫고, 여럿이 써서 흠이 많이 난 공보단 내 공이 더 낫다. 점수도 많이 나올 것 같다. 또 '내 것'이라는 책임감도 따른다. 장비관리를 잘 해줘야 제 값을 한다. 독서도 마찬가지다. 먼저 책을 구입하든지 빌려놓든지 일단 눈에 보이는 곳에 두는 게 중요하다. 구입한 책이 아니더라도 내 이름으로 빌려서 집에 가져다 놓는다. 눈에 보이기 시작하면 '읽어야지~', '아, 저걸 읽어야하는데'라는 생각이 계속 들면서 괜히 찝찝하다. 책이 '나를 데리고 왔는데, 어찌 눈길한 번 안주시오?' 말하는 듯하다. 연애하는 기분도 든다. 이 책을 잡으면 저 책이 서운해할 것 같다. 결국 사이좋게 하나는 외출용으로 가방에, 하나는 집에서 읽기로 한다.

아이가 어릴 때 책을 주문해서 집에 두고 읽었다. 왜 그때는 아이를 데리고 도서관에 갈 생각을 못했는지 모르겠다. 아마도 아이가 조용한 도서관에서 칭얼거리고 시끄러울 거라 지레 겁을 먹고 단념했는지 모르겠다. 서가를 천천히 거닐며 내가 읽고 싶은 책을 고르는 일도 나에겐 하나의 힐링시간인데, 그 시간을 방해받을 것 같아 그냥 포기했던 것 같다. 도서관에서 빌려 읽는 건 포기하고 구입해서 책을 받았다. 눈에 보이는 곳에 두고 '아이가 자면 읽어야지 ~' 하면서도 쉽게 손이 가지 않았다. 아이가 자면 컴퓨터에 접속했고, 집안일을 했고, 같이 잠을 잤다. 새 책이라 계속 눈길은 가면서도 1초만 하면 되는 표지를 넘기지 못했다. 당시 내게 우선순위가 아니었던 것이다.

둘째아이를 낳고 나서 임신 때의 몸무게를 계속 유지했다. 친정엄마는 그런 나를 보고 "50대 아줌마 같다."며 살 빼라고 충격을 주셨다. '서른밖에 안 됐는데, 50대라니. 엄마는 정말 너무해!'라는 생각이 들면서 살을 빼서 보여줘야겠다는 생각이 들었다.《현미채식》이라는 책을 읽으며 백미를 줄이고 현미를 먹었다. 반찬도 생야채 위주로 먹었다. 집에서 자전거도 타고 스트레칭도 계속 하면서 나름 열심히 했다. 얼마쯤 지나고 체중을 재어보니 4~5kg이 빠졌고, 얼굴에도 빠진 느낌이 들었다. 친정엄마도 살이 빠진 걸 알아보시고 "잘 했다." 하시며 관리해야 된다고 하셨다.

지금 생각하면 친정엄마의 충격요법이 효과가 있었다. 요즘 내가 다시 살이 쪄서 빼려고 해도 도통 잘 되지 않는 걸 보면 말이다. 그나마 다행인 것은 계속 생각하고 해본다는 것이다. 작심삼일이 되어도 한 번 해본게 어디야, 또 하면 되지 하는 생각으로 한다. 먹는 걸 줄이던지, 운동을 하든지, 방법을 더 보완하면 된다. 하겠다는 선포를 하고, 벌금을 매기기도 하는 것도 좋지만 그 전에 결심이 먼저다. 공무원 시험을 준비하겠다, 자격증 준비를 하겠다고 생각하는 것도 해보겠다는 결심이 먼저다. 초보주부도 요리를 얼마든지 할 수 있다. 모르면 레시피대로 따라하면 된다. 음식을 내 손으로 만들어보겠다는 결심이 먼저다. 책도 마찬가지다. 읽겠다는 결심이 앞서야 읽게 되고 그 안에서 얻을 게 있는 거지, 그렇지 않다면 아무 생각이 없어진다. 직장에 들어가는 것도 돈을 벌어야겠다, 일을 찾아야겠다는 결심을 해야 시작하는 것 아닌가. 모든 생활에 결심이 먼저다.

아이를 낳고 재취업을 했던 곳은 거의 나보다 어린 친구들과 일을 하는 곳이었다. 당시 모바일 게임이 애니팡 이후로 한창 상승세를 타고 있을 시기여서 사람들마다 한두 개 이상의 게임에 빠져 있을 때였다. 누가 먼저 시작했는지는 모르나, '사천성'이라는 게임이 돌기 시작했다. "하트 보내줘요."라며 환자가 뜸한 시간에 요청이 오고, 게임을 하다가 환자가 오면 처치에 들어가기도 했다. 나도 열심히 함께했다. 같이 하니 재미도 있었고, 이야깃거리도 생기는 것 같았다. 퇴근 후 집에 오면 아이들에게 책을 읽어주고, 아이들이 스스로 책을 읽을 때는 나도 내 책을 읽었다. 아이들이 잠이 들면 나도 하루를 마감하다가 '하트'를 보내달라는 메시지에 접속을 하면서 '게임 한 판만 하고 잘까?'라며 손에 놓지 못하게 됐다. 그렇게 얼마 지나면서 점점 허해지기 시작했다. 내가 너무 게임에 빠지는 것 같았고, 조금씩 줄여야 내가 살 수 있을 것 같았다. 아무것도 남지않는 게임에 이렇게 시간과 에너지를 투자하는 내가 한심해보이기 시작했다. 집에서 읽던 책을 병원으로 들고 가서 책상 위에 두었다. 아무도 뭐라고 하지 않는데 책장을 펼칠 수가 없었다. '다른 샘들이 한마디씩 하면 어떠지? 특이하다고 아는체 한다고 할까?' 괜히 남을 의식하고 있었다. 책을 들고가서 책 표지만 보고 온 적도 많았다. '책을 꼭 읽고 집에 와야지.' 결심을 하고 출근을 했다. 근무 중에 못 읽으면 점심시간에 읽기도 했다. 그렇게 한 번 읽어내면 그 흐름을 이어가고 싶어서 책을 펴게 된다. 지금 일하는 곳은 아예 독서대까지 마련해두었다. 펼쳐놓고 틈틈이 읽으려고 말이다. 한달동안 근무하면서 약 3권정도가 읽어지는 것 같다. 보는 직원들도 "책 많이 읽네요."라고 한마디씩 하지만 웃으면 끝이다. 이제는 점점 다른 사람 눈을 무서워하지 않게 됐다.

약속이 있어서 누구를 기다릴 때 책을 들고 간다. 모든게 처음이 힘든거지, 카페에서 혼자 책을 읽는 것도 처음에는 힘들었다. 혼밥, 혼영(화)을 하는 것만큼 책 꺼내기가 힘들었다. '내가 먼저 약속장소에 도착하면 책 읽으면서 기다려야지.'라는 결심을 하고 그렇게 한번 해본다. 어렵지 않다. 오히려 커피와 독서, 참 좋은 조합이다. 이 젠 일부러 좋아하는 두 가지, 커피+독서를 하려고 혼자 카페에 가기도 한다.

나 자신의 성장과 발전을 원하고, 다른 이들에게 존경을 받는 사람이 되고 싶다면 독서는 기본이다. 기본인 독서를 못한다고 좌절할 것은 없다. 한 걸음부터 차근차근 시작하면 되는 것이다. 그 전에 꼭 읽어야겠다는 결심이 중요하다. 결심하는 데는 돈도 들지 않는다. 그냥 하면 되는 거다. 먼저 결심하고 해보는 거다.

한 장을 읽더라도 매일

조금 전까지 책을 읽겠다는 결심을 하고 왔다면 이젠 가랑비에 옷이 젖듯, 한 장이라도 매일 읽는 일이 기다리고 있다. 두 번째로 소개가 되고 있지만 사실 제일 중요한 부분이기도 하다. 매일 읽는 다는 것, 매일 무엇인가를 한다는 것은 내 몸에 익숙해지지 않으면 쉽지 않은 일이다. 밥을 먹는 일, 세수, 양치하고 화장하고 머리 빗기, 설거지하고 출근 준비하기 등 매일 무의식적으로 하는 일이 이 외에도 많다. 규칙적으로 하는 통상적인 일을 루틴이라고도 하는데 매일 반복되는 일이기도 하다. 3p바인더를 기록하면서 항상 '루틴' 이라고 표시하는 부분이 있다. 주로 아침 출근 전인데 그 시간에는 씻고, 가족들 아침을 챙겨주고, 마실 물을 물통에 채워넣고, 아이들 옷을 챙겨주는 일이 반복된다. 같은 일이 반복되기 때문에 '루틴'이 라고 표시를 해둔다. 이렇게 루틴이 될 정도는 무의식적으로 몸이 움직일 정도가 되어야 한다.

독서모임을 같이 하는 분들과 '매일 습관 기르기'를 한 달씩 진행해봤다. 자신이 하루 동안 꼭 해야 할 습관을 정해놓고 함께 체크하며 한 달을 보내는 미션이었다. 하시는 분 중에 한두 분은 꼭 '책 읽기'가 있었다. 나도 '책 5쪽' 읽기가 있었는데, '책읽기 30분'이라고 해놓으신 분들보다 오히려 5쪽 읽기가 더 쉬웠던 것 같다. 정한 규칙을 지키기 위해서 매일 책을 잡게 되고 결국 해냈다. 30일 중에 며칠은 빠진 적도 있지만 5쪽을 읽기 위해서 책을 들었다가 훨씬 더 읽어내기도 했으니 나름 괜찮은 성과였다.

사실 매일 읽는다는 것을 정해놓으면 계속 신경 쓰인다. 매일 뭔가를 한다는 것은 쉽지 않은 일이다. 단, 하루가, 한 번이 쌓이기 시작하면 두 번, 세 번 쌓이게 되고 결국 한 권을 읽게 되는 것이다. 책이 어렵다고 자꾸 뒷장이 얼마 남았나 세지 말고 천천히 자기 속도대로 가면 된다. 누가 따라온다고 겁낼 것도 없고, 빨리 가라고 재촉하지도 않는다. 그냥 내 속도대로 가면 된다.

해마다 연 초가 되면 '습관'에 대한 책이 베스트셀러에 오르고, 습관에 대한 동영상도 조회 수가 증가한다. 습관에 관련된 신간이 매년 출간이 되고 있고 그 주제를 찾는 독자들도 많다. '습관'이라는 것을 누구나 다 하고 있으면서도 정작 본인이 갖고 싶은 습관은 잘 들지 않는다는 점이 이유라고 생각한다. '작은 습관', '최소 습관', '습관홈트(홈트레이닝)' 등 기존에 있던 습관에서 더 세분화된 주제로 책이 나오고, 내가 활용을 어떻게 하느냐에 따라 그것이 내 것이 되기도, 또 다시 원점이 되기도 한다. '이런 것도 습관이야?'

라고 생각했던 책이 지수경 작가의 《아주 작은 습관》이었다. 사람들은 결심 중독에 걸렸다며, 저자 자신의 최소습관을 소개한다. 그것이 바로 '하루 물 2잔, 3초 호흡 2분, 독서 2장, 글쓰기 2줄' 같은 것이었는데, 내가 처음 봤을 때 '되게 쉽네?'라는 생각이 들 정도였다. 저자는 이 책에서 아주 간단하고 사소해보이지만 손만 대면 성공할 수 있는 것을 목표로 삼으라고 한다. 뭔가 거창해보이는 것이 아니고 다른 사람들이 보고 '너무 쉬운 거 아냐?'라는 생각이 들 수도 있다. 저자는 이런 작은 습관들을 지금까지도 꾸준히 실천해오고 있다. 이제는 정말 자기 자신의 습관이 되어버린 것이다. 나의 속도가 어떻든, 내가 한 번에 할 수 있는 양이 얼마가 되든지 일단 매일 하는 것이 제일 크다.

스마트폰이 대중화된 지 약 10년이 넘어가는 것 같다. 사람들의 하루 패턴도 많이 달라졌다. TV시청이 줄었고, 보고 싶은 부분의 영상만 보기도 한다. 배터리가 15% 이하가 되면 충전기 앞에서 떠날 줄 모른다. 정보의 양도 많아졌고, 어르신들도 많은 정보를 공유하고 새로운 정보를 받아들이는 속도도 빠르다. 게임은 두말할 것도 없고 친구들끼리 만나도 서로 자신의 폰을 보면서 대화하는 일도 생긴다. 등하굣길에 버스를 타면 학생들이 시끌시끌하기도 하지만 사람 수에 비하면 조용하다. 각자 폰을 사용하고 있거나 좋아하는 음악을 듣기 때문이다. 잘 쓰면 좋은 스마트폰을 그만큼 보고 있는 일이 많다. 눈을 뜨면 확인하고, 잠자기 전까지 사용하다 잠든다. 눈에 비치는 영상이나 불빛이 잠을 자는 동안에도 영향을 준다고 하지만 개의치 않는 사람도 많다.

"책은 재미없고 지루하다, 혹은 읽는 속도가 느려서 금방 다 못 읽는다."고 말하는 사람들이 있다. 그들에게 묻고 싶다. 하루에 과연 몇 번이나 책에 눈길을 주는지 말이다. 스마트폰을 잡듯이 책을 잡는다면 하루에 한 장 정도는 읽을 수 있을 텐데. 종이책이 들고다니기 힘들고 귀찮다고 전자책을 읽는 사람도 많다. 도구의 차이는 있지만 전자책의 장점을 잘 활용하여 독서를 하는 사람도 있다. 나는 평소에 전자책을 잘 보지 않는데, 우연히 지인의 추천으로 다운 받은 앱이 있었다. 어느 날, 가족들과 가볍게 커피를 마시러 갔다가 아이들은 밖에 나가고 남편도 화장실 간다고 자리를 비우니 '책을 갖고 올걸' 하는 아쉬움이 들었다. 순간 전자책 앱이 떠올랐고, 그 자리에서 몇 페이지를 읽을 수 있었다. '아~ 이 맛에 전자책을 읽는구나.' 하는 생각도 들었다. 내가 몇 페이지까지 읽었는지 바로 알 수 있고, 줄 긋고 싶은 곳에 줄을 그을 수도 있다. 편하게 책을 읽을 수 있는 신세계를 만났다. 전자책을 이용하면 하루에 한 장씩, 두 장씩 읽는 일이 더 편해질 것 같다. 책이 손에 잘 잡히지 않는 사람이라면 더 전자책을 먼저 읽어보는 것도 좋겠다. 어차피 매일 수시로 보게 될 스마트 폰에 전자책 앱만 깔아놓으면 다른 앱을 이용하면서도 보게 될테니 한 번쯤은 열어보지 않을까.

하루에 한 장씩만 읽어도 한 달이면 30장이 된다. 정말 최소한의 독서량으로도 1년에 한 권은 거뜬하다. 한 장만 읽더라도 꾸준히 읽는다면 1년에 한 권, 또는 그 이상도 가능할 일이다. 스마트폰은 늘 내 근처에서 맴돈다. 안 보이면 불안하기까지 하니 말이다. 책도 내 근처에서 맴돌도록 해놓아야 한다. 매일 한 장씩 읽어야 하는데 안 보이면 어쩌나 말이다. 매일 표지라도 눈에 띄여야 표지라도 읽는거다. 가방에 넣고 다니면서 읽는다고 가방에만 넣어놓으면 소용이 없다. 가방용을 따로 두고 집에 두는 용은 또 다른 책을 두면 좋다. 책을 집어드는 순간 한 장은 금방이다. 오히려 '딱 한 장만'이라고 제한을 두면 더 읽고 싶어질지도 모른다. 못하게 하면 더 하고 싶은 게 사람심리 아닌가.

평계없는 무덤은 없고 세상에 평계로 성공한 사람은 김건모밖에 없다는 우스갯소리도 있다. 세상에는 재밌는게 너무나도 많다. TV, 스마트폰, 친구, 먹을거리, 놀거리, 영화 등등. 독서, 책이 삶에 비집고 들어가기가 힘들어보인다. 내 주변에는 내가 책 읽고 독서모임을 하고 있는 걸 아는 사람이 많다. 그 중에 꼭 한두 명씩은 이런 말을 한다. "나도 책 읽고 싶은데 도저히 시간이 안 나네." 혹은 "독서모임은 가고 싶은데 책 읽고 가야 돼?" 독서모임에서 뭐가 우선인지 모르는 사람들이다. 그렇게 말하면서 밤에 잠들기까지 카톡하고 인터넷 쇼핑하고 웹서핑을 한다. 방문 학습지 선생님이 와서 아이는 공부하는 동안 시끄럽지 않게 다른 방에 들어가서 스마트폰을 켠다. 아이들에게 책을 읽으라고 하면서 정작 엄마 자신은 책 읽는 모습을 보여주는 일이 없다. 하루 중 어디에 시간이 없을지 콕 짚어주고 싶은 심정이다. 제발 입에 발린 평계는 더 이상 하지 않았으면 좋겠다.

남들이 보기에 책읽는 여자, 책 읽는 엄마가 있어 보인다. 있어 보이고 싶긴 한데 책이 재미가 없다. 아이들이 게임하는 것을 뭐라고 말할 처지가 안된다. 그런 엄마를 보면 아이들도 할 말이 참 많을거다. 사실 한 장 읽는데 그리 오래 걸리지도 않는다. 꼼꼼히 천천히 읽어도 10분이 걸리기 힘들다. 아니 5분만 해도 충분하다. 스마트폰 던져두고 매일 책을 읽어보자, 한 장만.

나만의 철학과
가치관을 만든다

많은 책에서 저자들은 한결같이 "책을 읽으면 사람이 바뀐다."고 말한다. 어떻게 바뀌는지 궁금해졌다. 머리만 커지는지, 착하게 변하는지, 똑똑해지는지. 주변에 누군가가 책을 읽는다면 관찰하고 싶었다. 장기적으로 주위에서 관찰하면서 책을 읽고 어떻게 변하는지 내 두 눈으로 보고 싶었던 것이 솔직한 심정이었다. 관찰을 잘 할 준비는 되어 있는데 제일 중요한, 책 읽는 사람이 없었다. 결국 제일 빠른 방법이 내가 해보고 변화가 되는지 안 되는지 봐야겠다는 생각이 들었다. 독서 마루타가 되어보기로 했다.

초등학생 때까지는 책을 참 좋아했다. 책 속에 나오는 내용들이 어린이, 청소년 대상으로 쉬운 것들이었지만 항상 책을 읽었던 기억이 난다. 같은 책을 반복해서 읽었던 기억도 나고 동화책도 많이 읽었던 것 같다. 중고등학생이 되면서 내게 책은 약간의 사치이자 시간낭비로 여겼다. 학과 공부를 하기도 바쁜데 책을 읽을 시간이

나지 않았다. 대학 때도 마찬가지였다. 어려운 의학용어와 국시 준비로 책을 읽는다는 것은 할 일없이 노는 것 같았다. 중학생 때부터 약 10년간은 책과 담을 쌓은 상태로 살았다, 완전히. 대학교수인 아빠를 둔 친구네 집에서 목민심서 전집을 발견하고 친구도 그 책을 다 읽었다고 할 때 받은 문화적 충격은 어마어마했다. 그러면서 한편 '아빠가 교수라서 저 책을 다 읽히는 건가? 어린이가 읽어도 되는 내용이야?'라고 생각했던 기억도 난다. 부모님이 계속해서 좋은 책을 추천해주시거나 학생 때도 독서를 권장했더라면 책을 좋아했던 나의 10년은 더 풍부했을 거라 생각된다. 당시에는 학생은 공부를 해야 된다고 공부하는 모습을 보여야 했고, 나름 집에서 기대를 받는 입장에서는 또 그런 모습을 의식적으로 연출하기도 했다. 지금의 목표는 내 아이들의 독서력이 중고생을 지나면서도 끊이지 않도록 하는 것이다. 독서의 힘을 누구보다도 나 스스로 느꼈기 때문에 그 시간의 소중함이 지금 와서 더 절절히 느껴진다.

그렇게 점점 책과 멀어진 나는 할 일이 없을 때 책을 읽었다. 시간 때우기 용으로 책은 전락했다. '하루 종일 집에서 TV만 봤다.'보다는 'TV도 보고 책도 읽었다.'고 말하기가 더 괜찮아보였다. 당시 나에게 책은 유흥에 그쳤다. 유흥으로의 책 읽기는 나의 삶에 큰 변화를 주지 못했다. 아이를 재우고 얼른 인터넷에 접속하여 웹서핑, 육아 서핑을 하던 내게 책 읽는 사람들이 보이기 시작했다. 그런 사람들을 가만히 살펴보니 목표를 세워 읽기도 했다. '백 일 백 권 읽기', '3년 천 권 읽기' 등 내겐 너무 거창해보이고 부담스러웠다. '저런 건 나는 못하겠다.'고 지레 겁을 먹은 나는 그들을 부러워하기만 했다. 그런 사람들은 나와 다른 여유가 있을 것이고, 육아에 대한 부담이 덜 한 사람일 거라고 혼자서 위안을 삼기도 했다.

육아서적을 주로 읽었던 나는 어느 겨울, 《하루 나이 독서》라는 책을 만나게 됐다. 아이들의 독서교육에도 관심이 많이 생길 때였다. 그 책의 핵심은 아이의 나이만큼 하루에 책을 읽어주는 것이었다. 아이가 일곱 살이면 하루에 일곱 권의 책을 읽어주는 것이다. 문득 '내 나이만큼의 책을 읽으면 어떨까?'라는 생각이 들었다. 물론 하루에 다 못 읽을 나이다. 1년을 기준으로 잡고 1년 내 나이 독서를 시작해보기로 했다. 당시 내 나이가 33세였으니 1년에 33권을 목표로 삼았다. 백 일 백 권을 읽는 사람도 있는데, 1년 33권의 목표는 남들 앞에 말하기가 좀 부끄러웠다. '뭐 어때, 내 기준인 걸.' 혼자 괜찮다 다독거리며 계산을 했다. 1년이 약 52주이니 33권을 읽으려면 한 1~2주에 한 권만 읽으면 가능했다. 한 달에 많으면 3권만 읽으면 되니까. 그렇게 생각하니 가볍게 가능할 듯했다. 그렇게 2015년 1년 동안 내 나이 독서를 계획하고 그 해에 두 번, 내 나이 독서를 성공했다.

'독서 마루타'가 되기로 스스로 결심하고 '1년 내 나이 독서'도 훌쩍 뛰어넘어보니 독서를 통한 성취를 약간 맛볼 수 있었다. 또 독서를 통해 뭔가 나도 그 전보다 괜찮은 사람이 되어가고 있다는 것을 느끼게 됐다. 주변에 있는 사람들이 내 마음에 안 든다고 '왜 저 사람들은 내가 이렇게 말해도 모를까, 나를 힘들게 할까?'라는 생각을 참 많이 했다. 책은 그런 내게 남을 바꾸지 말고 나를 바꾸라고 말을 해주었다. '그럼 내가 손해 아냐?'라고 말하는 내게 괜찮다고, 내게 그 복이 다 돌아온다고 말하며 나를 정화하는 방법을 알려주었다. 심리학 서적이 아니라도 투덜거리는 내게 책은 늘 친절히 답을 해주었고, 답이 힘들어도 여러 권의 책이 복합적으로 내게 해주는 메시지가 내 생각을 조금씩 다듬어주었다.

육아에 있어서도 마찬가지였다. 아기를 낳고 보니 '스카이 캐슬'이 따로 없었다. 이렇게 작은 소도시에서 강남엄마 코스프레 하는 엄마들이 많아보였다. 많은 정보와 기관에서는 그렇게 하지 않으면 '니 아이만 도태'될 거라고 겁을 주었다. '무한계인간'인 내 아이가 나의 무지와 무능력으로 망치고 있는 건 아닐까, 그런 생각이 당연하게 들었다. 출산율은 떨어져도 키즈마케팅은 성업하고 있는 것은 나와 같은 생각을 가진 부모들이 아직도 많다는 점이다. 아무튼 나는 그런 캐슬로 가는 길보다 나의 길을 닦고 싶었다. 조기 영어교육을 해야 하는지에 대해 알아보기로 하고 영어교육관련 책을 많이 읽었다. 도서관 한편에서 《아깝다 영어 헛고생》이라는 책을 만나게 됐다. 《불량육아》라는 책도 발견했다. 여러 가지 책을 쓴 엄마들 대부분은 육아를 하면서 엄마 본인의 책을 읽는 사람들이었다. 막연하게 생각했던 '엄마표 교육'의 기본은 엄마의 독서라는 것을 깨닫는 순간이었다. 점점 내가 어떤 개념을 잡아야 할지, 내 방향은 어디인지 잡히기 시작했다.

책은 내가 어떻게 생각하고 살아야 하는지 알려준다. 살면서 생각을 하지만 생각하면서 살아가도록 해주는 이정표 같은 것이 책이다. 개똥철학이라도 나의 생각과 철학이 생겨나도록 도와주는 것이 책이다. 갈팡질팡하던 당시 내 개념을 바꾸고 나니 그렇게 편할 수가 없었다. 아이들이 놀아도 그만, 책 읽으면 땡큐였다. 대신 노는 아이들 옆에서 엄마가 늘 책을 읽었다. 어느 순간 책 읽는 내 곁에서 아이들이 각자의 책을 읽고 있는 모습도 보였다. 책이 없었다면 나의 방향은 늘 타인을 향해 있었을 거다. 남 의식을 많이 하는 나는 분명 그렇게 살면서 아이들을 잡고 있을 것 같다. 다행히 책 덕분에 책 쓰는 엄마로까지 이어져 아이들이 자랑스러워하는 엄마가 되어가고 있다.

요즘에 '감사일기'를 쓰는 사람이 참 많다. 그런 흐름에 따라 나도 감사일기를 써보기로 했다. 딱히 감사일기에 소신이 있거나 너무 좋다거나 그런 게 아니라, 다른 사람들이 많이 하는 것은 이유가 있을 것 같고, 감사일기를 블로그에 쓰면 매일 블로그 글도 올리고, 감사하는 착한 사람으로도 보이지 않을까 싶은 세속적인 생각이 들어서였다. 한 달 정도 감사일기를 블로그에 적었다. 블로그 이웃은 간간히 내게 긍정적이다, 착하네라는 피드백을 해주기도 했다. 나의 한 달 감사일기는 그렇게 끝이 났다.

어느 날,《한 줄의 기적, 감사일기》의 저자이신 양경윤 선생님의 강의를 듣게 되었다. 그 전에 그래도 예의상 그분의 책을 한 번 읽어보고 가야지, 하고 책을 읽다가 그동안 나의 감사일기는 순 엉터리였다는 것을 알게 됐다. 나는 감사일기를 왜 해야 하는지도 몰랐고, 방법도 몰랐다. 그저 이것저것 쓰고 마지막에 '감사합니다'만 쓰면 감사일기가 되는 줄 알았다. 책에서는 감사일기를 통해 주변 사람들도 변화하고 바뀐다고 했고, '나'를 찾는 계기도 된다고 했다. 세상을 보는 눈이 달라진다고 했다. 감사일기의 양식도 바로 독서라고 했다. 독서면 내가 좋아하는 거니까, 할 수 있겠다는 생각에 저자가 말하는 감사요청일기도 함께 써보기 시작했다. 오늘 감사일기와 더불어 내일 감사요청일기를 완료형으로 3개씩 썼다.

지금은 내 바인더에 감사일기 부분을 따로 마련해서 적고 있다. 남들에게 보이기가 아닌 정말 나를 찾고 세상을 다르게 보는 눈을 키우기 위한 감사일기다. 감사일기의 효과는 다음에 기회가 된다면 따로 말씀드리고 싶을 만큼 많은 변화를 내게 주고 있다. 다른 사람이 하는 거니까, 요즘 유행이니까, 나도 해볼까, 했던 감사일기는 저자가 책에서 말하는 것과는 완전 다른 성격이었다. 간단하게 생각했던 세 줄의 감사일기도 이렇게 책에서 저자의 도움을 받으니 완전히 내것이 되고 있다. '감사일기' 하나만 봐도 그동안의 나의 생각이 얼마나 짧고 단순했는지 알게 됐다. '역시 책의 도움을 받아야 해'라는 생각과 '잘난 척은 금물, 조금 안다고 다 아는 건 아니다. 성급해하지 말자.'라는 교훈을 얻었다.

유명하진 않지만 책을 두 권이나 쓴 작가라고, 사람들은 편견을 가지기도 하고, 나 스스로도 많이 아는 것처럼 행동하려고 하는 것 같았다. 그런 내게 늘 경고를 주는 것도 책이다. 내 곁에서 항상 간섭하고, 이래라 저래라 하는 잔소리 같지만, 옳은 소리만 하니 멀리할 수도 없는 친구다. 나의 잘못된 생각을 바로 잡아주고, 제대로 된 생각을 심어주려니 그 노력이 가상해서라도 항상 함께하고 싶다. 누구의 엄마, 아내가 아닌 진정한 나로 살 수 있게 해주는 책은 내 평생 동반자다.

시간이 없다?
독서부터 먼저!

많은 책에서 이미 시간의 중요성에 대해서 말하고 있다. 익숙한 표현이지만 세상 사람들 모두에게 평등하게 주어지는 것이 바로 '시간'이다. 모두에게 '24시'라는 시간이 주어지지만 어떤 사람은 30시간으로도 쓰고, 어떤 사람은 20시간도 채 쓰지 못하고 흘려버리는 경우도 있다. 만약 시간이 돈으로 환산된다면, 그렇게 흘려버릴 수 있을까?

멀티태스킹으로 사는 시대다. 한 번에 한 가지 일만 하는 경우도 점점 드물어지고 있다. 사무실에서는 서류정리를 하면서 전화를 받는 것은 기본이 된 지 오래다. 환자의 차트를 보면서 기록을 하고, 동시에 치료실 배정을 해주는 일은 내 업무에서도 기본이고, 이것 역시 멀티태스킹이다. 집에서는 밥을 하면서 세탁기도 돌려놓고, 아이들의 질문에도 대답해준다. 밥상을 차리면서 끓고 있는 찌개가 다 되었는지 확인한다. 귀로는 유튜브 강연을 듣고 있다. 하나만 하는 시간이 절대적으로 부족한 시대가 되었다. 아니 세대가 되었다. 나 같은 워킹맘은 그런 세대로 살아가야 한다. 멀티태스킹이 안 되면 아무리 새벽에 일어나도 나를 위한 시간을 30분도 내지 못한다.

이렇게 멀티태스킹으로 일을 처리하다보면 한꺼번에 많은 일을 하게 되어 집중력이 떨어지기도 한다. 그 대안으로 많은 업무를 효율적으로 하기 위해서 우선순위를 정하면 좋다. 중요하고 급한 일을 먼저, 중요하지만 급하지 않은 일은 조금 뒤에 해도 되는 식이다. 각각 잘 구분해서 내가 어떤 일에 비중을 둬야 하는지 올바른 판단이 필요하다. 중요하지도 않고 급하지도 않은 일은 TV보기나 게임하기, SNS 서핑하기 등이 있다. 꼭 시간을 내어 하지 않아도 되며, 자투리 시간을 이용하면 가능한 일들이다. 사람들은 대부분 이런 일에 시간투자를 많이 한다. 물론 사람마다 중요도를 어디에 두는지 다르지만, TV나 게임업계에 종사하는 사람이 아니고서야 이일이 중요하고 급하지는 않을 거다.

내가 정말 중요하다고 여기는 일에는 내 하루 중 어떤 시간이든지 뺄 수 있다. 바빠서 할 일이 너무 많다고 말하는 사람도 애인이 생기면 하루 중 10분이라도 만나러 갈 수 있을 것이다. 그 일이 너무도 중요하기 때문에 없는 시간을 만들어 낸다. 《하루시간 사고법》의 저자 고도 도키오는 시간이 있고 없고는 물리적인 문제가 아니라고 한다. 정말 하고 싶은 일이 있으면 하늘이 무너져도 다른 어떤 일보다 먼저 할 것이라 말한다. 또 그는 바빠서 공부할 시간이 없다고 말하는 것은 특별히 공부를 하지 않아도 된다거나 공부의 우선순위가 높지 않다는 것과 같다고 말한다. 그 말에 독서를 넣어보면 '바빠서 독서할 시간이 없다고 말하는 것은 특별히 독서를 하지 않아도 된다거나, 독서의 우선순위가 높지 않다는 것과 같다.'로 바꿔 볼 수 있다.

주부는 시간이 많다. 백수도 시간이 많지만 주부는 일단 명분이 있다. '집안일과 육아'가 주부의 우선순위다. 우선순위가 있지만 오전, 오후에 잠시 바쁜 경우가 더 많다. 남편과 아이가 각각 출근, 등교하는 시간이다. 그 이외의 시간을 잘 활용하면 자신의 시간으로 만들 수 있지만, 구별없이 시간을 쓰다보면 이것도 저것도 안되는 일도 많다. 어찌보면 시간이 넘쳐나고 또 달리보면 쓸 시간이 없는 것이 주부다. 시간이 많으니 시간이 없다. 시간이 많다보니 집중하지 못하는 시간이 많아지는 거다.

예를들어 은행에 가야 할 일이 있는데, 그리 급하진 않다. 오전에 애들 보내놓고 가야지, 생각했는데 시간이 어중간해져 점심먹고 가야지, 하다가 씻고 어쩌다보면 다시 아이들이 올 시간이 된다. 곧 은행 마칠 시간이 다 되면 내일 가야지라고 생각하게 된다. 그 다음날 비가 온다. 그러면 또 비가 안 오는 날 가야지, 이렇게 된다. 그럼 하루 종일 은행 일을 보기 위해 마음은 있는데, 그 시간에 무엇을 했을까. 정말 중요한 일이라면 집안일 제쳐두고, 무조건 은행으로 가야지. 만약 마감시간이 있어서 오늘 꼭 해야 할 업무였다면 그렇게 미뤘을까. (음, 이건 내 얘기다.)

직장인의 하루를 한번 살펴보자. 보통 연상하는 사무실이 있는 일반 회사를 다녀본 적은 없다. 그런 회사에 근무하는 사람들의 이야기를 들어보면 한가지 업무가 끝나면 또 다른 업무가 기다린다고 한다. 점심시간에도 밥을 빨리 먹고 일을 하는 경우도 많다고 한다. 점심시간은 휴식시간이지만 그 시간에 사무실에서 책을 읽으려면 눈치가 보이기도 한다고.《90년생이 온다》에서 이전의 세대와 90년생 이후의 세대의 차이를 잘 보여주는데, 회사에서 야근을 하는 이전 세대와 그것을 이해 못하는 90년생 이후의 세대를 잘 보여준다. 그 부분을 보면서 왜《불량육아》의 저자는 워킹맘들에게 근무시간에 놀지 말고 집중해서 업무를 다 해놓고 칼퇴근해서 집에서 아이들에게 집중하라고 했는지 몇 년이 지난 이제야 이해가 됐다. 상사의 눈치가 보이지만 내가 맡은 하루 업무를 다 했으면 칼퇴근해도 되지 않을까. 사무실 종사자들이 모두 시간을 허투루 써서 야근을 한다는 말은 아니다. 집중해서 일을 하면 얼마든지 끝날 일을 퇴근 시간 이후에도 잡고 있다는 말이다.

어떤 일을 할 때 "시간이 없다"라고 말하는 것은 핑계와 '하고 싶지 않다'는 뜻을 가지고 있다. 그 일에 내 시간을 투자하고 싶지 않다는 뜻임을 안다. 나도 그런 핑계를 대어봤다. 이 글을 읽는 사람은 그래도 이 책에 시간을 내어주는 분들이라 지금까지 읽었을 거니까 그런 핑계를 대는 분이 아닐 거라 믿는다. 독서에 우호적인 분들이라 생각된다. 지하철을 타면 책을 읽는 사람이 보이기도 하는데, 버스를 타면 좀처럼 보기 힘들다. 사실 나도 멀미가 나서 버스에서는 책을 잘 읽지 못한다. 《일일일책》의 저자 장인옥은 그런 버스에서 두통약을 먹어가며 책을 들었다. 책을 읽을 시간을 확보하기 위한 이유가 가장 컸는데, 버스에서 읽고, 사무실에서 일하면서도 짬짬이 책을 폈단다. '시간이 없어서 책을 못 읽는다'는 것은 완전 핑계인 거다.

나도 점심시간과 일과 중에 책을 주로 읽는다. 작은 병원에서의 점심시간은 온전히 쉴 수 있는 시간이다. 세바시 같은 유튜브를 볼 때도 있지만 책이 더 잡기 쉽다. 일과 중에는 독서대를 마련해놓고 책을 고정시켜놓는다. 눈으로 보면서 환자가 오면 접수해주고 처치할 시간에는 왔다갔다하면서 한 페이지씩 읽는다. 어디든 펼쳐도 좋을, 쉽게 읽히는 책을 주로 가져간다. 오전에 일찍 일어나서 책을 읽기도 한다. 그럴 때는 집중이 아주 잘 된다. 몸의 컨디션과 오전의 맑은 공기가 개운하게 다가와 집중하기 좋게 저절로 환경을 만들어준다. 오전시간은 일반 시간의 3배의 효과를 낼 수 있다. 집중도 잘 되지만 온전히 혼자만의 시간이라 그 시간을 즐긴다.

앞에서도 잠시 언급했지만 어떤 일을 할 때 중요한 일부터 처리한다. 중요한 일에도 급한 일과 급하지 않은 일이 있다. 독서는 중요하지만 급하지 않은 일이다. 노후를 준비하는 일도 중요하지만 급하지 않은 일이다. 누군가에게는 중요하고 급한 일이기도 하다. 사람에 따라 그 중요도가 다르겠지만 둘 다 중요하다. 중요하지만 급하지 않은 독서라 사람들에게 크게 인식이 안 되는 일이 많다. 책을 안 읽어도 지금 잘 살고 있다고, 왜 재미도 없는 책을 읽어야 하냐고, 책만 읽으면 잠이 오는데, 그 시간에 재밌는 TV나 영화를 보는 게 더 낫다고.

누군가는 내게 묻는다. "왜 책을 그렇게 읽어요?" 그건 내가 모르는 것이 너무 많기 때문이다. 알고 싶은 호기심도 많기 때문이다. 세상에 나오는 책은 이미 그분야에서 뛰어난 사람이 많다는 증거다. 내가 모르는 분야의 책을 읽고, 그 분야에 대해 누군가와 이야기 나눌 때 핵심을 짚는 말은 못하더라도 그 말을 어느 정도 알아듣고 싶다. 나의 무지함이 부끄러워 책을 읽는다. 이런 이유는 다른 사람에게는 중요하지 않을 수도 있겠다. 내 짧은 경험으로 나 스스로가 너무 많이 변했기 때문에 독서를 떼어놓을 수가 없다.

책을 통해서 나를 알아간다. '나'는 내 평생 함께해야 할 동반자다. 연예인 누구누구, 가십거리 기사에만 눈이 띄고 빠삭한 일 말고, 평생 함께해야 할 '나 자신'에 대해서 알 수 있는 일이 독서다. 그런 독서야말로 가장 중요하고 급한 일이지 않을까. 그런 독서에 시간이 없다는 것은 나 자신을 모르고 살아가는 '나 맹'이다. 내가 나를 알아가는 시간. 그 시간은 황금과도 바꿀 수 없는 소중한 시간이다. 부디 '나 맹'으로 살지 않길, 평생 동반자인 '나'를 위해 하루에 10분이라도 내어주길.

T.O.P.
때와 장소, 상황에 따라

'T.O.P' 하면 잘생긴 원빈이 나와 광고하는 커피가 먼저 생각 난다. 학창시절에 유행했던 노래도 생각나고. 무슨 뜻인지 몰랐던 'T.O.P에 따른 옷 입기'도 생각난다.

어떤 단어의 줄임말인지도 모르고 '그래서 어떻게?'라는 생각이 먼저 들었으니 말이다. 시간(time), 상황(occation), 장소(place)의 줄임 말로 그에 맞는 옷차림을 해야한다는 뜻이었는데, T.O.P라는 단어 를 몰라도 일상에서 하고 있는 행동들이었다. 운동할 때 운동복을 입지 결혼식이나 장례식에 입고 가진 않는다. 소풍갈 때 비즈니스 정장을 입진 않을거고, 수영장에 갈 때 수영복을 챙겨가는 것도 마 찬가지다.

한때 해외에서 우리나라 사람들을 옷 입을 걸로 찾아낼 수 있다 고 했는데, 등산복이 유행하면서 어느 때나 알록달록하게 옷을 입 고 다녀 사람들의 입에 오르내린 적이 있다. 중년분들이 등산복을 일상복처럼 입으면서 결혼식이나 장례식에도 가고, 해외여행을 나갈 때도 단체복처럼 입고 나가 한국 사람임을 멀리서도 알 수 있다는 말이 있었다. 편하고 디자인도 예뻐서 많이 입고 다녔는데, T.O.P에 맞지 않게 입었던 분들이 많았던 것은 사실이다. 요즘은 그런 분위기가 살짝 가라앉은 듯하다.

옷을 때와 장소, 상황에 따라 입어야 하듯이 책도 마찬가지다. 때에 따라, 상황에 따라, 장소에 따라 변화무쌍하게 읽을 수 있다. 사회에서 유명한 분들을 보면 책이 가까이 있다. 정치인이든, 성공한 사업가나 연예인도 책을 가까이 둔 사람이 많다.

한비야의 책을 읽다가 대중교통 이용하기를 좋아한다는 내용이 나왔다. 한참 구호활동을 하던 시기에는 해외에서 많이 지냈기 때문에 굳이 자가용이 필요없기도 했지만, 대중교통을 이용하면 책을 읽을 수 있어서 좋다고 했다. 지하철이나 버스를 타고 가면서 책을 읽으면 환경도 살리고, 책을 읽을 시간도 벌게 된다고 했던 구절이 기억난다. 안철수는 독서광인 줄은 알고 있었지만 엘리베이터를 기다리는 시간에도 책을 읽는다고 한다. 엘리베이터를 기다리면서 읽는 얇은 책을 가방에 넣어다닌다고 했던 점이 인상깊었다. 역시 대단한 독서광이다.

그런 분들의 이야기를 듣고 나도 대중교통을 이용하면서 책을 읽어보았다. 내가 살고 있는 곳은 지방의 중소도시라 지하철이 없고 버스와 택시가 있다. 가끔 부산이나 서울에 가게 되면 지하철을 타는데, 목적지까지 가면서 책을 읽을 수 있으니 참 좋았다. 앉아서

봐도 좋지만 서 있어도 흔들림이 크지 않아 책을 읽는 데는 큰 어려움이 없었다.

반면에 내가 사는 곳에서 버스를 주로 타고 책을 읽어보니 여간 힘든 게 아니다. 책을 읽으려고 하다보면 멀미가 난다. 스마트폰을 보고 있어도 멀미가 나서 문자를 확인하고 답을 보내고 바로 고개를 들어줘야 한다. 창밖을 보고 있어야 상태가 좋아지기 때문에, 버스에서는 독서가 힘들었다. 앞장에서도 잠시 소개했던 《일독일행》의 저자 장인옥은 버스에서 두통약을 먹어가며 책을 읽었다고 한다. 그렇게 계속 하다보니 약을 먹지 않아도 책을 읽을 수 있게 되었다고 한다.

전자책을 즐겨보는 친구도 있다. 책이 무겁기도 하고, 바쁜 아침에 깜빡하고 놓고 나오는 경우도 있어 늘 손에 있는 스마트폰을 이용하는 것이다. 일반 책보다 전자책 결제가 더 값이 저렴하기도 하다. 눈과 적절한 거리만 유지하면 큰 부담은 없어보인다. 전자책의 장점은 글씨 크기도 조절할 수 있고, 형광펜 기능도 있어 줄을 그을 수도 있다. 읽다가 급하게 종료해도 다음에 다시 켜면 읽다만 그곳에 다시 갈 수 있다. 책갈피 기능도 있고, 모르는 단어를 바로 검색할 수도 있다. 나도 가끔 이용하는데, 나는 종이책이 손에 익어서 그런지 집중하기가 어려웠고, 멀미증상이 나서 오래보지 못하겠더라. 집중해서 스마트폰을 보다보니 눈물도 나고… 이어폰으로 듣는 것도 귀가 아파서 못 듣는 걸 보면 내 몸이 역시나 전자기기를 밀어

낸다.

그렇다면 다시 종이책으로 돌아와 책과 친해질 수밖에 없다. 곳곳에 책을 두고 손에 닿는대로, 눈에 띄는 대로 읽어보기로 했다. 거실, 화장실, 주방 등 내가 자주 가는 곳에 책을 한 권씩 두었다. 얼핏보면 정리가 안 되고 던져놓은 듯한 느낌이지만, 나름의 질서를 가지고 있는 책들이다. 거실보다 주방이 제일 집중하기 좋은 곳이라 책도 그런 종류를 배치해둔다. 거실에서는 아이들과 함께 있다 보니 많이 무거운 책은 힘들다. 화장실은 제일 가벼운 책으로 어느 부분이라도 펼쳐 볼 수 있는 책이 좋다. 화장실에 있는 시간이 그리 길지 않고 또 다른 중요한 일에 집중(?)해야 하기 때문에 내용이 잘 기억나지 않을 때도 있다.

이 책을 이기주 작가님이 보실 가능성은 적어서 하는 말인데, 《언어의 온도》를 화장실용으로 배치했었다. 단점이 그 책이 기억이 잘 나지 않는다는 거다. 조용히 사색하며 읽어야 하는데, 글이 짧다는 이유로 화장실에서 읽다니. 친구가 빌려간 책을 다시 받아오면 용도를 바꿔서 가방에 들고다니는 용으로 가져다닐까 싶다. 가방에는 들고다니기 가벼운 책이 좋은데, 얼른 읽고 싶은 책도 넣기도 한다. 버스 안에서는 못 읽지만 버스를 기다리면서 읽기는 참 좋다. 갑자기 약속이 취소되거나 늦춰질 때도 가방에 있는 책이 그런 시간을 채워준다.

일하는 병원에서는 환자가 없을 때 앉아서 책을 읽을 수 있다.

사무직은 앉아서 일하는 업이라 그 시간에 책을 읽으면 눈치가 보이겠지만, 나 같은 경우는 환자 치료 후나 환자가 없는 틈틈이 앉아서 책을 읽을 수 있다. 보통 쉬면서 수다를 떨 수도 있고, 스마트폰만 볼 수도 있는데, 책을 읽기에도 참 좋은 자투리 시간이다. 독서대를 하나 장만해서 언제든지 왔다갔다하면서 읽을 수 있게 책을 고정해놓고 읽는다. 환자가 뜸한 시간에는 집중할 수도 있어 좋은 시간이다. 일상보다 여행갈 때는 책 선정이 더 신중해진다. 기차나 비행기는 책 읽기에 좋은 환경이다. 버스처럼 불편한 흔들림이 아니라 이동시간을 알차게 보낼 수 있다. 여행을 가면 잠자리가 바뀌어 항상 일찍 일어나는데, 조용한 펜션이나 캠핑장에서 아침에 새소리를 들으며 책 읽는 시간은 늘 꿈만 같다. 그 시간은 항상 여행에서 제일 좋았던 기억으로 남는다.

군이 여행에서까지 책을 무겁게 들고다니면서 이렇게 책을 읽어야하나 싶은 생각이 드는 사람도 있을거다. 나도 그랬다. 책을 들고다니면서 '나 책 좀 읽는 사람이예요.'라고 광고하는 것도 아니고, 여행가면 여기저기 다니느라 바쁜데 말이다.

나는 이것저것 해본 것도 많고 그만 둔 것도 많다. 소위 '냄비근성'이라고 하나에 빠지면 부글부글 끓다가 금방 식어버린다. 냄비도 싼 양은냄비다. 너도나도 공무원 준비를 시작하던 시기에 스무살을 맞이했다. 나도 한 번 해볼까 하고 시도했던 것이 세 번정도 되는 것 같다. 언제부터 주경야독을 했다고 힘들게 일하고 저녁에

인강을 듣고 공부했다. 거의 졸다가 새벽 한두 시쯤 그냥 자버리기 일쑤였다. 운동을 좀 해야겠다고 요가를 끊었다. 한두 번쯤 가다가 그 요가 선생님이 틀어주는 정체불명의 음악이 듣기 싫어서 그만뒀다. 가격이 저렴한 스포츠센터라서 더 쉽게 그만뒀겠지만, 그만둔 이유가 참 웃기다. 교회 청년부에서 드럼치는 청년이 멋있어서 나도 드럼을 배웠다. 근무하던 곳 근처에서 드럼 강좌가 열려서 갔더니 수강생이 나 하나였다.

일 마치고 배우러 갔는데, 항상 저녁시간이다보니 그 남자강사가 항상 어묵, 떡볶이 같은 걸 사와서 같이 먹고 하자고 했다. 그게 부담스러워 또 그만뒀다. 요리를 배울 때도 그랬다. 국비지원으로 한식조리사반에 들어갔는데, 나는 매일 먹을 수 있는 반찬이나 요리를 배우러 갔는데 그 반 수강생이 적어 한식조리사반에 배정이 되어버렸다.

촉박한 시간 안에 정해진 양식대로 해내야 하는 음식이 초보에게는 큰 부담으로 다가왔고, 안 해본 칼질을 하다보니 손목이 아파와 그만뒀다. 홈패션도 그랬고, 북아트도 그랬다. 십자수도 그랬고, 통기타도 그랬다. 시도해본 것도 많지만 그만둔 것도 많다. 나는 그랬다.

양은냄비 근성을 가지고 있는 나 자신에게 나는 부정적이었고, 불만이었다. 가만히 있으면 안될 것 같은 성격에 이것저것 시도하지만 내게 맞는 옷은 없었다. 그런 내게 책은 천천히 흐르는 삶도 좋다고 말해주었다. 움직이지 않아도 책을 통해 많은 활동을 할 수 있었다.

나와는 반대로 천천히 사는 삶을 보여주기도 하고 나보다 더 빠르고 부지런한 삶을 보여주기도 한다. 책을 보면서 성공도 해보고 실패도 해본다. 내가 못 본 세계가 내 손에서 펼쳐진다. 그게 어디이든 어느 때든 상관없이 말이다. 그런 이유로 책을 더 사랑할 수밖에 없다.

더러움을 사랑하라

지금처럼 책을 구입하는 일이 적었던 예전에는 주로 도서관에서 빌려 읽다보니 깨끗하게 읽어야 한다는 생각이 강했다. 대출해서 읽는 책에 누군가가 줄이라도 그어놓으면 '참 예의 없는 사람'이라며 괜히 화를 내기도 하고 내가 대신 지우개로 지워놓기도 했다. 내 책이 아니니까 더럽히면 안 된다는 생각이 강했고, 책은 깨끗해야만 한다고 생각했다.

어릴 적 매년 새 학기에 책을 받으면 깨끗한 달력으로 책마다 커버를 입히곤 했다. 조금 빳빳한 은행달력이 참 괜찮은 용지였다. 속이 비취는 달력은 순위에서 한참 밀렸다. 하얗고 깨끗하게 책 커버를 입히고 표지에 내 글씨로 국어, 수학 같은 과목을 적어주고 내 이름까지 적어주면 완성. 어느덧 책 커버가 예쁜 투명 비닐, 캐릭터 커버 등으로 시중에 유통되고, 그걸 쓰는 친구들도 늘었지만 나는 손에 익은 달력이 좋았다. 중학생 때 로빈 쿡 작가의 시리즈를 참 좋아했다. 당시 베스트셀러 소설이라 친구들도 많이 좋아했는데 책을 가진 사람은 많이 없었던 것 같다. 서로 책을 읽고 싶어 해 책이 더러워질까 봐 투명한 커버를 입혀서 빌려주곤 했다. 얼마 전 친정에서 그 책을 발견하고 너무 반가웠던 기억이 난다. 책 속지에는 언제, 어디서 구입했는지가 적혀 있었고 90년대의 느낌이 물씬 풍겨 나왔다. 깨끗하게 읽으려 커버까지 씌운 책은 세월이 지나 누렇게 변해 있었지만 당시 그 책을 읽으며 상상하고 현실이 아님에 안도하던 기억이 생생하게 떠오른다.

첫 아이를 낳고 아이에게 보여주고 싶었던 전집이 있었다. 일명 '영아다중'이라고 이 전집만 있으면 우리 아이가 지능을 다양하게 개발할 수 있을 거라 생각이 들었다. 비싼 가격 때문에 망설이고 있다가 약 50만 원가량 싸게 나온 중고를 구입했다. 그 전집을 사고 돌도 안 된 아이에게 보여주면서 '깨끗하게 읽기'를 주문했다. 내가 산 것처럼 다시 팔 생각으로 고이 써줬으면… 하는 생각이 먼저였다. 구강기였던 아이는 뭐든 입에 가져가 탐색하느라 바쁜데, 엄마는 그런 아이의 입에 들어가는 책과 교구를 연신 닦아내기 바빴다. 어느덧 아이와의 싸움을 포기했다. 싸움이라 생각한 것도 온전히 나 혼자 뿐이었겠지만, 팔기를 포기하고 마음껏 책을 내주었다. 구겨도 되고, 낙서해도 상관하지 않고 둘째까지 자유롭게 책을 갖고 놀았다. 결국 그 전집은 친구 아이에게 물려주었는데 정말 잘 읽고 갖고 놀아서 아쉬움도 후회도 없다.

책을 읽기 위해 사는가, 팔기 위해 사는가?

미니멀이 잘 되고 있는 일본 같은 경우에는 깨끗하게 쓰고 중고로 파는 일이 잦다고 한다. 그런 이야기를 듣고 책을 깨끗하게 보려하니 굳이 구입할 필요가 없어 보인다. 예전에 구입했던 책은 대체적으로 다 깨끗하다. 줄도 하나 긋지 않고 읽었으니 다시 되팔 수 있다. 중고서점에 팔려고 하니 어째 생각했던 금액이 나오지 않는다. 파는 가격은 저렴한데 중고 책 구입비용은 그의 몇 배가 되니양이 많지 않은 이상 판매에 미련을 두지 않기로 했다. 반면에 최근에 구입한 책은 다르다. 저자 사인이 있는 경우도 있고 줄그은 곳도 많다. 팔래야 팔 수가 없다. 넘쳐나는 책을 고민 끝에 지인들에게나눠주기 시작했다. 개인 SNS에 올려서 분양하기도 하고 독서모임멤버들에게 나눠주기도 한다. 책을 좋아하는 사람이 많으니 목록을보여주면 금방 2~30권은 분양 완료다.

내가 사는 곳에는 헌책방이 몇 개 있다. 새 책 같은 헌책은 7~8천 원에 구입이 가능하고 절판된 책도 많다. 사장님께 "깨끗한 책으로 골라주세요."라고 부탁하면 목록을 보시곤 깨끗한 책 위주로찾아주시기도 한다. 말만 잘하면 에누리도 가능하다. 어차피 도서관 대출도 헌책이다. 그동안 헌책방에는 누렇게 변한 책만 있을 거라 생각했는데 의외로 깨끗한 책이 많다. 종종 이용하는 헌책방에서 원하는 책을 찾을 땐 정말 유레카를 외치고 싶을 때도 많다. 최근에 알게 된 독립서점이 있다. 독립출판물도 있지만 중고 책을 기부 받는다. 기부 받은 중고책의 수익은 유기동물센터에 후원금으로 보낸다. 사장님의 좋은 취지를 아는 분들이 점점 많아져 중고책의 수도 점점 늘어난다. 기부 받은 책들이라 헌책방보다 저렴하게 판매가 된다. 일반 책이 한 권당 2천 원 정도이고 오래 되거나 어린이 책은 오백 원이면 살 수 있다. 연신 '대박, 대박'을 외치며 구입한다. 만 원으로 책 다섯 권을 가지고 갈 수 있다. 내가 사는 지역이 아니라 좀 아쉽지만 가끔씩 갈 때마다 들르고픈 곳이다. 요즘 플랫폼 시장이 늘어가고 있다. 어떤 앱을 개발하느냐가 요즘은 새로운 대박 템이라고까지 한다. 그 중에 중고시장이 앱으로 우리 손에 들어온 곳이 있다. 그 중고마켓을 통해 집에 안 쓰는 물건을 팔기도 한다. 주로 내가 사는 지역에서 직접거래를 통해 사고팔기 때문에 거래사기 같은 건 아직까지는 없어 보인다. 아이들이 봤던 전집이나 장난 감 같은 것을 팔았다. 내가 주로 사려고 보는 것은 책인데, 몇 년 전에 출간된 책 중에 찾는 게 있었다. 혹시나 싶어서 봤더니 어느 분이 딱 올려놓으셨다. 다른 책과 같이 묶어서 5천 원에 구입했다. 가까운 거리에 직접 가서 거래하면 더 '득템'이겠다.

새 책을 펼칠 때의 그 냄새와 설렘도 좋지만 헌책을 펼칠 때의 그 특유의 냄새와 설렘도 좋다. 헌책을 파는 사람들은 대부분 깨끗하지만 오래된 책을 팔기 때문에 세월의 흔적이 약간 있을 뿐이다. 줄그은 책이면 또 어때, 그 사람이 중요하게 생각했나보다, 하고 넘어가면 된다. 책을 많이 더럽게 읽는다며 고백하는 분들이 있다. 그

건 자신만의 독서방법이니 누가 뭐라 할 일은 아니다. 볼펜 색을 달리하면서 긋는 분도 있고, 처음 읽을 때, 2독, 3독할 때 줄긋는 색을 각각 달리해서 줄을 긋는 이웃분도 봤다. 나는 재독 상관없이 중요한 부분은 빨간색이나 형광펜으로 줄을 긋고 일반적인 부분은 파란색, 평범하지만 지나치지 못하는 부분은 검은색으로 줄을 긋는다. 연필로 줄을 그으면서 읽고 나중에 팔 때 지우개로 지워서 파는 분도 있다. 멤버로 참여하는 독서모임의 리더님은 책 모서리를 접는데, 모서리를 한번 접고 다시 바깥으로 반 접고, 다시 안쪽으로 반을 접는데 각각의 뜻이 있다. 기억할 곳, 필사할 만큼 중요한 곳 등의 자기만의 방식으로 그렇게 책 모서리를 접는다고 한다.

내 책에 줄을 그으면서 읽다보면 책에 내 생각을 쓰고 싶을 때도 생긴다. 많은 독서 고수들도 자신의 생각을 책에 메모하면서 읽으라고 하는데, 예전 같으면 어림도 없을 일이다. 내 생각과 같거나 다른 저자의 글을 읽다가 빈 여백에 내 생각을 적기도 하고, 나의 경우는 이랬지, 하면서 메모를 한다. 친절하게 빈칸을 마련해 독자에게 쓸 수 있는 공간을 주는 경우는 다 적어보려고 한다. '이 사람 이렇게 빈칸 만들어서 책 분량만 늘려놨네.' 삐딱하게 보던 시선을 '일부러 지면을 할애해서 빈칸을 만들어놓은 건 저자의 깊은 뜻이 있을 거야.'라고 생각을 바꿔 책이 안내하는 대로 한번 해보는 거다. 제대로 적어보면 저자가 왜 이렇게 칸을 비워놨는지 느낌이 온다. '감사하게도 써보게 하는구나' 독서의 완성인 쓰기까지 연결될 수 있게 해준 저자에게 감사한 마음도 생긴다. 내 생각을 쓰기도 하고, 저자가 시키는 대로 하다보면 나중에 내 글을 쓰고, 책을 쓸 때 참고가 된다. 관련 도서를 뒤적이다가 내가 써놓은 메모를 발견하게 되면 거기서 새로운 아이디어가 나오기도 한다. 더러움이 새로움을 만드는 계기가 된다.

요즘에는 'The love'를 줄여서 '더럽'이라고 읽기도 하더라. 내겐 책이 'the love'이다. 남들이 보기에는 '더러운' 책이 될 수도 있지만 내겐 그 무엇보다 'the love'다. 정말 읽고 싶은 책, 소장하고 싶은 책만 구입하다가 지금은 내 서재를 따로 갖고 싶을 정도로 책이 많아졌다. 너무 많다 싶으면 한번씩 지인들께 분양을 시켜보고, 그렇게 빈 자리엔 또 새로운 책이 들어온다. 읽어야 할 책들을 고르는 재미도 있고, 다 읽었지만 다시 펴보고 싶은 책들도 있다. 예전에 읽으면서 줄그었던 부분을 지금은 공감하지 않을 수도 있고, 여전히 중요하다 생각할 때도 있다. 깨끗하면 깨끗한 대로 새로 줄 그을 수 있어서 좋고, 더럽게 줄 그어놓아도 다시 볼 수 있어서 좋다. 학창 시절에 공부하던 때보다 더 진심으로 줄 긋고 적어본다. 남의 책 말고 내 책을 사랑하고 더럽게 써보자. 그럼 그 책이 내게 온전히 들어온다. 사람이든 사물이든 내가 진실한 애정을 주면 준만큼 내가 받는 보상도 더 크게 돌아온다.

활자강박에서 벗어나기

초등학교 6학년 때, 졸업앨범과 함께 준비했던 졸업생문집이 있었다. 학생 모두 한 편씩 글을 써서 문집을 만들었는데, 당시 학급위원이었던 내가 우리 반 편집자를 맡았다. 담임 선생님도 내용을 다 읽지 않고 내게 그 종이들을 주면서 오탈자를 잡으라고 하셨다. 친구들의 글을 먼저 읽어본다는 재미도 있었고, 의무감에 글 속의 오탈자를 이 잡듯이 잡기 위해 눈에 불을 켜고 살폈던 기억이 난다. 당시 한 반의 학생이 약 50명 가까이 있었으니, 50장의 글을 몇 번이고 계속 읽고, 고치고 다시 보고 잘 못된 것을 찾아냈던 경험을 했다. 지금 와서 생각을 해보면 10명 가까이 되던 학급위원 중에 왜 나에게 그 일을 맡겼을까, 싶다. 그 선생님은 가끔씩 책을 읽고 있는 내게 이런 말을 했다. "너처럼 책 많이 읽는 애는 처음 본다." 설마 처음일까, 그 말을 들었을 때 내가 읽고 있던 책은 어린이 동화였다. 그리 두꺼운 책도 아니었고 당시엔 학교 도서관도 없었고, 도서관 대출이 가능한지 몰랐기 때문에 책이 부족했다. 용돈을 모아서 큰맘 먹고 구입한 책을 몇 번이고 계속 읽었던 아이였다. 아마 그런 모습 때문에 선생님이 내게 편집자의 역할을 주지 않았을까 추측한다.

6학년 때의 편집자처럼 책을 읽고 있는 나 자신을 발견하는 일은 그리 어렵지 않았다. 이상하리만큼 책을 읽으면 매직아이처럼 오타가 눈에 먼저 띈다. 내용에 집중한다면 오타가 그리 쉽게 눈에 띌까 싶다가도 내가 내용이 아니라 글자에 집중하고 있다는 느낌을 받는다. 편집자의 눈으로 오탈자를 잡아내겠다는 자세로 책을 읽고 있었다. 무엇 때문에 그렇게 됐는지는 모르겠다. 좋게 생각하자면 항상 집에 있는 적은 양의 책을 계속 봐야 했기 때문에 한 글자, 한 글자 놓치지 못해서 그렇게 됐다는 것? 나쁘게 얘기하자면 활자강박? 아무래도 난 활자강박에 더 마음이 간다. 완벽하게 읽어야 한다는 성격도 그에 기름을 부어 글자를 전투적으로 보았을 것이다. 또한 가지 이유를 찾아보면 고등학교 때 논술을 준비했다. 가고 싶었던 학과가 논술성적을 본다는 말에 학교에서 몇 명만 응시하던 논술모의고사에 참가했다. 어떤 주제를 주고 그에 따른 생각을 쓴 뒤 제출하면 사설 논술학원에서 첨삭을 해서 다시 보내주는 식이었다. 내가 쓴 시험지를 다시 받았을 때, 깜짝 놀랐다. 온통 빨간 줄, 빨간색투성이었다. 보통 학교에서 시험지를 매길 때 빨간 펜을 쓰지만, 논술 시험지의 빨간색은 다르게 다가왔다. '너의 글은 온통 수정해야 할 판이야.'라고 말하는 듯했다. 또 그 시험지를 첨삭하는 사람이 국어국문과 출신의 강사들이라는 추측을 하면서 동경의 대상으로 보였고, 나도 그들처럼 다른 이의 글을 첨삭해주고 싶었다. 그 이후로 내 글을 볼 때마다 수정하는 재미가 생겼다. 국어시간에 배웠던 기호들을 사용하면서 짧은 글도 그렇게 수정하고 바꿨다. 글을 수정하기 위해서는 그만큼 더 꼼꼼하게 읽어야 했고, 오탈자도 잡아내야 했다.

소개팅을 하듯 책을 만난다. 상대방에 대해서 간단하게 듣고 만나러 나가면 그에 대한 기본 지식은 있으나 어떤 모습일지, 성격은 어떨지 궁금하다. 책도 마찬가지다. 간단하게 듣고 책을 만나러 가면 모든 게 다 궁금하다. 책의 앞 뒤표지에 어떤 말이 적혀 있는지, 책 앞날개의 저자소개는 어떻게 나와 있는지, 뒷날개에는 어떤 책이 소개가 되는지 궁금하다. 하나도 빠뜨릴 것 없이 읽을 것투성이다. 어떤 때는 출판사 이메일 주소가 나와 있는 곳을 보면서 편집자는 누구인지, 출판사 주소는 어디인지까지도 살피곤 했다. 말 그대로 꼼꼼하게 이 잡듯이 읽었다. 오타를 발견하면 출판사에 이메일을 보내기도 했다. 답신은 한 번도 받은 적이 없지만 내 메일을 보기나 했을까 싶다. 소개팅으로 만난 남자를 그렇게 이 잡듯이 봤다면 아마 그 남자는 질려서 도망갔을 거다.

아이들의 그림책을 읽어주면 내가 읽어주는 속도보다 아이들이 책장을 넘기는 속도가 빠르다. 아이들은 글을 읽지 않고 그림 위주로 책을 읽어내는 듯하다. 읽어주다가 아이가 책장을 넘기면 이야기는 다음 페이지로 넘어간다. 이야기의 이어짐은 엄마인 나만 신경이 쓰이나보다. 아이들은 그림만 보면서도 이미 그 책의 줄거리를 다 알고 있다. 읽어주기를 포기하고 같이 그림을 살펴본다. 글을 빼고 책을 읽으면 볼 때마다 새롭다. 다양한 그림은 작가의 상상력과 재미, 유머가 다 섞여 있다. 내용도 좋지만 숨은그림찾기처럼 매번 새롭게 느껴지는 그림이 더 재밌다. 어릴 적 내가 읽었던 책에서 기억나는 것도 영상이다. 글만 있는 책도 그 글을 읽으면서 내가 상상했던 영상이 떠오르지 글귀가 기억나진 않는다. 영상으로 따지자면 그림이 계속 나오는 만화책이 있다. 유일하게 읽은 만화책은《유리가면》,《명탐정 코난》,《슬램덩크》다.《유리가면》은 주인공이 연극 무대에 오르는 주인공의 모습이 떠오르고,《명탐정 코난》은 뿔테 안경의 코난이 떠오른다.《슬램덩크》는 농구하는 장면이 떠오른다. 그 영상이 오랫동안 기억에 남아 글자를 대신한다.

만화책은 만화책 특유의 냄새가 있다. 그 냄새를 맡으며 꼼꼼하게 읽다보면 눈이 아프고 머리도 아프다. 자연스럽게 읽으며 내용을 파악하는 노하우가 생겼다. 책장과 밀당하듯 속도를 조절했다. 다른 책도 그렇게 읽으면 된다. 읽다가 재미없으면 그냥 넘어가도 좋다. 저자가 쫓아와서 뭐라 하지도 않는다. 굳이 토씨하나 남김없이 읽지 않아도 된다. 읽는 방법에 변화를 주니 초반에는 뭔가 찝찝한 느낌이 들기도 했다. 도서관 종합대출실에서 '이 책들을 다 읽는게 내 장기목표야!'라고 다짐했던 기억이 난다. 도서관에 없는 책은 구입해서 읽고, 대출한 도서는 기간 내에 읽어야 한다. 그 와중에 재미까지 없으면 낭패다. 재미있는 부분만 읽어도 모자랄 시간이다. 시간은 모자라고 읽은 책은 넘쳐나는 것이 현실이다. 발췌독이라는 개념으로 내가 필요한 부분만 찾으며 읽어도 좋다. 속독은 추천하지 않는다. 책을 읽을 때 자신의 속도로 느끼고 생각하고 줄긋고 쓰며 읽는 것을 추천한다. 빨리 읽으면 많이 읽을 수 있겠지만 빠른 것만이 능사는 아니다. 속독법을 배우는 분들도 많다. 속독법이 맞는 사람은 그 방법으로 책을 읽으면 되고, 아닌 사람은 자신의 속도로 책 읽기를 추천한다. 다른 이에게 맞는 방법이 나에게도 꼭 맞는 법은 없으니.

꼼꼼하게 읽는 버릇은 글쓰기에서도 나타난다. 컴퓨터로 글을 쓸 때 단어나 문장 밑에 빨간 줄이 눈에 띈다. 글을 다 쓰고 고쳐야 하는데 꼭 먼저 빨간 줄은 없애고 다음으로 넘어간다. 빨간 줄이 무성하면 계속 눈에 거슬린다. 지금은 많이 고쳐진 편이지만 그 성격 쉽게 어디 안 가나보다. 이런 내가 공문서 작성하는 업무를 맡았으면 잘 했을 것 같은데, 아쉽다. 어제 모 세미나에 참석했는데 강사님이 급하게 PPT를 만드셨는지 온통 오타 투성이었다. 강사의 자료는 사람들이 신빙성 있게 보기 때문에 신중하게 만들어야 할 텐데, 감안하면서 강의를 듣는데도 계속 나오는 오타가 왜 그리 눈에 거슬리는지. 한두 번만 살펴봐도 오타는 쉽게 눈에 띌 텐데 그분의 강의보다 오타가 더 기억에 남아 아쉬운 세미나였다. 재미있는 영상으로 잠이나 확 깨게 해줬다면 더 좋았을텐데, 스마트폰을 보거나 졸고 있는 다른 사람들도 같은 마음이었을까.

요즘 나의 독서는 두 가지다. 오랜 나의 모습대로 꼼꼼하게 읽는 것과 만화책 훑듯이 책과 밀당하는 것. 책을 읽다보면 끝나는 게 아쉬운 책이 있다. 그 책은 아껴가며 읽다가 결국 끝난다. 그럴 땐 내가 혹시 못 읽은 부분이 있는지 다시 한 번 책장을 넘겨본다. 앞날개 뒷날개는 물론이요, 표지와 뒷표지까지도 다 읽어본다. 그런 책은 얼마든지 활자강박에 걸려도 좋다. 내게 많은 것을 주는 책이 고맙고 감사한데, 그 정도쯤이야. 재밌는 것은 그런 책은 오타도 거의 없다. 정성을 들인 책이라 그 감동이 더 내게 전달되는지도 모르겠다. 책을 만나면 꼭 다 읽어야겠다는 강박을 버리니 새로운 책을 만나는 것이 부담스럽지 않다. 내가 필요할 때 다시 찾아서 읽어도 되니 처음부터 끝까지 순서대로 읽지 않아도 괜찮다. 덕분에 집에는 읽다만 책들이 예전보다 많아졌지만 내가 필요할 때 다시 읽으면 되지, 뭐 어떤가.

독서모임을
권합니다

READING
CLUB

읽고, 생각하고,
적용하고 나누다

독서모임을 세 개 운영한다. 또 다른 한 곳에는 멤버로 참여하고 있으니 총 네 개의 독서모임에 소속되어 있다. 사정상 평일 낮 모임은 다른 분께 진행을 부탁드리고 도서지정만 하는 고문처럼 앉아 있다. 사람들은 이런 내게 비슷하게 궁금하신가보다. "독서모임을 왜 그리 하세요?" 간단한 답부터 말하자면 '좋아하는 일'이라 그렇다. 내 시간만 더 할애할 수 있다면 더 다양한 사람을 만나고 싶다. 책을 좋아하는 전제로 말이다.

혼자서 도서관에 다니면서 책을 읽었다. 육아 친구도 없이 책이 유일한 벗이었고, 조언자였고, 선배였다. 어린이집에 아이들을 던지듯이 내려놓고 출근을 하면 몰려오는 허무함을 혼자 감당하기엔 마음이 여렸다. 매일 함께하는 육아서가 그런 내 마음을 어루만져줬다. 아이를 잘 키워보려 읽었던 책이 도리어 나를 성장시키고 있었다. 도서관 서가에서 눈에 띄는 제목을 찾아 읽어나갔다. 책에서 인

용되거나 책 뒷날개에 있는 책들을 그 다음 읽을 책으로 선정해 읽었다. 읽다보니 읽은 목록이라도 기록을 해야겠다 싶어 블로그에 간단히 적기 시작했다. 난해하거나 정말 재밌었던 영화를 보고나면 나만 그랬는지 궁금해서 후기를 찾아보곤 하는데, 책도 마찬가지였다. 나만 어려웠는지, 다른 사람도 재밌었는지 궁금해서 서평을 찾게 됐다. 나와 다른 의견도 있었고 내가 읽다가 놓친 부분도 보였다. 같은 의견에 반갑게 공감대를 느끼기도 했다.

도서관을 자주 이용하다보니 도서관 독서모임이 눈에 띄었다. 어린이, 청소년, 직장인, 주부팀이 있었고 주부팀에 들어가려다가 괜히 멈칫하게 됐다. 이미 형성되어 있는 곳에 들어간다는 것이 낯설고 주저하게 만드는 내 안의 에너지가 커져 고민만 하다 말았다. '이때까지도 혼자 잘 읽었는데 뭐 어때' 아무렇지도 않은 듯 독서모임은 매번 그렇게 모집기간이 지나갔다. 또 한 가지 이유는 '누가 정해주는 책은 읽기 싫을 것 같다.'라는 생각이 강했다. 그런 면에서 독서모임 멤버들께 늘 감사하다. 좋든 싫든 내가 다음 도서를 지정하면 항상 오케이 해주시는 분들이 대부분이다. 나 같은 사람이 한 명만 있어도 모임이 힘들었을 텐데 말이다. 다른 사람이 정해주는 책을 읽기 싫으면 내가 만드는 수밖에 없었다. 군이 내 시간과 돈을 들여서 독서모임을 해야 되나, 고민도 있었다. 독서모임 3년차에 접어드는 지금은 누구에게나 추천한다. "독서모임에 가보세요."라고.

나는 참 운이 좋은 사람이다. 아이 학교에 공개수업을 참관하러 갔다가 옆에 앉은 같은 반 학모와 이야기를 하게 됐다. 등교 시간에 마주치면 간단한 목례만 하던 사이었는데 먼저 말을 걸어주시고, 이야기를 나누다가 "혹시 독서모임 하실 거면 저도 불러주세요.", "정말요?" 사실은 내가 그 해 계획으로 '독서모임 만들기'를 적었는데, 몇 개월이 지난 후에 그 일이 이루어졌다는 점이다. 그것도 아주 우연한 계기로 한 명의 지지자가 나타나며 일이 일어난 것. 그러고 보니 내가 시작한 독서모임에는 모두 그런 한 명의 지지자가 계신다. 평일 저녁 팀에도 학교 선배가 시작하고 싶다 하셨고, 주말 팀에도 워킹맘 한 분이 계신다. 그분들이 계셔서 일을 추진해나가는 힘을 받는다. 처음 시작은 정말 미약했다. 지금 돌아보면 멤버들께 정말 쉬운 책을 매일 읽어나갔다. 쉬운 책이든 어려운 책이든 함께 같은 책을 읽고 이야기를 나누니 평소 같은 드라마나 영화를 보고 이야기를 나누는 것과 비슷했다. 드라마나 영화는 궁금한 것이 다음편이겠지만 같은 책을 읽고 궁금해지는 건 다른 이들의 생각과 저자의 생각 또 내 생각은 어떻게 다를까, 기대되는 일이다. 스스로 읽고 느낀 점과 더불어 '이 책을 읽고 이렇게 해야겠다.'고 자신의 삶에 적용하는 부분은 멤버들 앞에서 계획을 선언하는 거나 마찬가지다. 스스로 자신에게 약속하여 지킬 수 있게 해준다. 자기반성의 시간이 되고, 다짐의 시간이 된다. 누가 시킨 것도 아닌데 읽은 내용을 적어서 발표한다. 오히려 리더인 내가 할 일은 다음 모임 공지하는 일이 대부분이다. 자연스럽게 멤버들이 서로 돌아가며 발표하고 이야기 나누고 질문하는 일은 초보리더라도 큰 힘이 들지 않는다. 멤버들께 그런 점도 늘 감사하다.

　제일 신경 쓰는 부분은 책 선정이다. 다른 독서모임에는 어떤 책을 하는지 살펴보기도 하고, 최근에 읽은 책 중에서 선정하기도 한다. 몇 년 동안 사랑받은 책을 고르기도 하고 그 어떤 책이라도 내가 먼저 읽어보고 선정한다. 다음 책으로 지정하기 전에 책에 대해서 파악이 되어야 멤버들께 간단하게라도 설명해주며 흥미를 끌어낼 수 있다. 나도 처음이고 멤버들도 처음인 책은 읽다가 어렵거나 못 읽어내면 서로 힘들어하는 일이 생기기 때문이다. 물론 그런 책도 몇 권 있었다. 신간인 경우에는 그런 일이 곧잘 생긴다. 멤버들이 '이번에 그 책 나왔던데 한 번 읽어볼까요?'라면 그 책으로 선정한다. 호불호가 갈리기도 하고 다양한 의견이 나오지만 그것도 모임의 재미다. 90%가 너무 재미없고 힘들었다고 하는 책을 10%가 좋았다고 하면 왜 그런지 궁금해 하며 자연스럽게 귀를 쫑긋 세우게 된다. 공식적인 추천도서는 믿을 만하다. 매년 우리 시와 도에서는 독서한마당이라는 행사가 열린다. 쉽게 말하면 독후감 상을 주는 행사인데, 그 지정도서들이 누구나 다 공감하는 내용의 책이다. 그 중에서 책을 선택해 읽는 것도 일석이조의 효과다. 누군가는 독서모임 때문에 책을 읽었어도 감상문을 써서 제출할 수도 있으니 말이다. 올해도 그 덕을 톡톡히 보고 있는 중이다.

　독서모임의 목적은 같거나 다른 책을 읽고 본인의 생각을 나누는 일이다. 사정상 책을 읽지 않고 오시는 분들이 계신다. 2주에 한 권을 읽는 일인데, 지정도서보다는 본인이 읽고 싶은 책을 먼저 읽어서 그런 일이 벌어지지 않나 싶다. 한두 번은 넘어갈 수 있지만 계속 그런 일이 생기면 리더 입장에서는 참 난처하다. 읽지 않고 모임에 나오면 토론 참여가 아니라 신변잡기만 늘어놓기 쉬워진다. 초반에는 그런 사람도 다 안으려고 노력했지만 지금은 미리 공지를 한다. 최소한 1/3이라도 읽고 오라고. 열심히 책을 읽고 온 다른 멤버들에게도 피해를 주는 일이다. 독서모임의 목적을 잊지 말아야 한다. 그냥 수다 타임이 아니다. 이야기를 하다보면 내용이 산으로 가는 일도 많다. 좋은 내용이긴 하지만 혼자서 30분 넘게 이야기하는 것은 민폐다. 기침을 하거나 책장을 넘기거나 시계를 보는 등 눈치를 주지만 너무 자기 이야기에 심취하셔서 끝까지 이어간다. "이제 책 이야기 하시죠."라고 꼬집어 이야기해도 안 되는 경우도 있다. 속에서 화산 폭발 직전이다. 그런 날 모임이 끝나면 하루 종일 기분이 좋지 않다. 혼자서 이야기 독점하는 스타일도 있지만 다른 이들을 함께 태우는 경우도 있다. 산으로 가는 배에 다른 사람이 타지 않도록 잡아주는 일도 리더가 할 일이다. 모든 사람들이 일부러 낸 소중한 시간을 허투루 쓰지 않게 돕는 일이다. 리더도 멤버도 같은 마음이라야 가능한 쉽고도 어려운 모임이다.

'독서모임의 리더라면 독서에 상당한 조예가 깊어야 한다.'라고 생각할 수 있다. 3년차에 세 개의 독서모임을 운영한다고 하면 더 그렇게 보는 분들도 계신다. 모임을 시작하고 얼마 뒤부터 느낀 것이지만 오히려 내가 모임에서 많은 것을 배우고 느낀다. 내가 할 일은 사람을 모으고 장소를 정하는 것, 지정도서를 정하는 일이다. 그런 큰 틀만 일단 잡히면 모임에서 나오는 다양한 이야기를 통해 내가 성장하는 일은 그리 어렵지 않다. 어쩜 그렇게 사람마다 다른지, 경험이 다르고 생각이 다르지만 하나의 책으로 모인 것도 신기하다.

책을 좋아하는 사람들이 아직 많아서 다행이고, 특히 엄마들이 많아서 다행이다. 아이에게만 책을 읽으라고 하는 엄마들이 아니라 엄마가 책을 읽고 그 모습을 보고 자라는 아이들은 저절로 참교육이 될 거라 믿는다. 자녀교육에 관심있지만 자기계발에도 관심 있는 엄마들은 아이에게 공부만을 주입시키지 않을 거다. 행동은 천천히 가더라도 책이 말하는 것을 함께 읽다보면 결국 아이에게도 영향이 갈 테니까. 그런 면에서 우리 모임에는 아이와 함께 책을 읽는 엄마들이 대부분이다. 그 아이들은 엄마가 책을 읽고 독서모임을 하는 모습을 보며 무엇을 느낄지 궁금하다.

언젠가 큰 아이가 학교에서 한지에 '신화라', '독서모임'이라고 붓으로 적어온 것을 보면서 아이 눈에는 엄마가 독서모임 하는 사람으로 인식이 되나보다 싶었다. 작은 내 바람은 아이를 가진 엄마들이 책을 많이 읽었으면 하는 일이다. 아이 책만 읽어주지 말고 엄마 책을 읽는 일이 아이를 잘 키우는 일이다. 그런 사람들이 많아져 엄마 독서모임도 더 많아지면 좋겠다.

같은 책, 다른 생각

'그날은 남편이 수학여행에서 돌아오는 날이었다. 인터넷으로 사고 소식을 접한 뒤 버스를 이용해서 오는 남편에게 안전벨트 꼭 하고 오라는 문자를 남겼다. 그 순간 내가 할 수 있는 최선의 방법 이었다. 걱정마라는 남편을 저녁에 만났고, 우리는 저녁을 먹으며 TV에 나오는 뉴스속보를 보면서 그 속에 있을 학생들과 선생님을 생각했다.'

내가 기억하는 4월 16일이다. 어떤 이는 저 멀리 남쪽 바다에 서 일어난 사고, 또 다른 이는 안타까움, 슬픔 등으로 기억할 수 있 다. 그들과는 달리 나에게는 그날의 감정이 고스란히 남아있다. 매 년 수학여행 기간에 일어나는 사고를 뉴스로 접하면서 '혹시나 내 남편에게도 그런 일이 생기면 어떡하지?'라는 불안감이 있었고, 그 날도 뉴스속보를 접하면서 심장이 덜컹 내려앉는 느낌이었다. 분명 그 배에 내 남편은 없었지만, 있었다면 분명 아이들 먼저 구할 사람이기에 그 사건은 내게 남다르게 다가왔다. 내게는 그런 감정이 먼저였던 사건이지만 비슷한 학부모라면 아이를 먼저 생각했을 거다. '내 아이였다면'이라는 감정으로 그 사건을 바라볼 수 있을 것이고, 여행업을 하는 사람이었다면 '내 고객, 손님들, 우리 직원들'이라는 시선으로 볼 수 있을 것이다. 이렇게 사람들은 하나의 사건도 자신의 입장에서 기억한다. 안타깝고 슬픈 일이지만 그 일을 어떻게 받아들였냐는 각자의 기준으로 생각하게 된다.

독서모임은 하나의 책을 두고 이런 일이 생긴다. 다양한 생각과 시선, 느낌도 다 다르다. 개인마다 갖고 있는 경험과 생각이 다르기 때문에 같은 책으로도 다른 느낌을 받을 수 있다. 그것이 독서모임의 진정한 재미다. 보통 내가 가진 지식이나 관점의 눈으로만 책을 읽는다. 다시 읽어도 볼 수 없었던 부분을 다른 이의 눈을 통해 읽을 수 있다. 다른 이의 이야기를 듣고 다시 책을 보면 '왜 내겐 안 보였지?'라는 부분이 여기저기서 나타난다. 신기할 따름이다. 독서의 기본을 지나 중간단계인 토론을 해야 하는 이유이기도 하다. 독서모임에서 나눈 내용을 기록하다보면 비슷한 부분도 많지만 다른 의견이 많다. 다른 사람과 의견이 같아서 발표를 하지 않는 분도 없는데 말이다. '재밌다, 어렵다' 같은 추상적인 부분을 제외하고 자신의 감정, 느낌은 얼굴 생김새만큼이나 다양하다. 도서를 지정할 때 최대한 평이 좋은 책을 정한다. 때로는 독서토론하기 좋은 책을 정할 때도 있는데, 내가 생각하는 좋은 책이 다른 이에겐 아닐 수도 있다. 보통 추천도서나 베스트셀러라고 해서 샀는데 나와 맞지 않는다는 생각이 들 때도 있다. 그런 생각도 독서토론 시간에 온전히 다 나온다. "기대보다 별로였어요, 이런 부분은 공감하지 못했어요, 너무 서울기준이라 지방에 사는 우리와는 거리감이 있었어요." 충분히 나올 수 있는 이야기들이다.

지난 방학 때 지인들과 초등학생 자녀들을 모아서 '독서친구 만들기'라는 시간을 가졌다. 엄마들이 일일 선생님으로 변신해서 미리 선정한 책을 아이들에게 읽어주고, 독후 활동을 했다. 비슷한 학년별로 모둠을 만들어 아이들에게 어렵지 않은 책을 읽어주고 느낌도 공유했다.

내가 맡은 고학년에는 우리가 잘 아는 고전동화로 이야기를 나누었다. 아이들이 한 번쯤은 읽어 본 〈알리바바와 40인의 도둑〉을 읽어주고 각자 질문 만들기를 했다. 아이들이 만든 질문에는 '도둑질을 한 알리바바는 착한 사람일까? 동굴을 여는 주문은 왜 열려라 참깨일까? 알리바바의 대문에 X표시를 하면 수상하게 여길거라 생각은 못했을까? 알리바바의 조카는 그 결혼이 자신도 좋았을까?' 등등 각자의 시선에서 나오는 질문이 정말 다양했다. 성별, 학년 차이 등 자신의 자리에서 생각나는 질문이 다 달라 이야기 나누는 시간 내내 재미있었고, 나는 아이들의 기발한 생각에 감탄했다. 이렇게 12~3년 살아온 아이들도 의견이 다르고 다양한 질문이 나오는데, 30년 이상 살아온 엄마들의 의견은 더 천지차이다. 결혼 기간,

아이의 나이, 자신의 일 등등 다른 것은 너무 많고, 책과 육아, 엄마라는 공통점으로 같은 자리에 모이는 점도 재밌다.

이런 독서토론도 결국에는 책을 읽어야 한다는 전제조건이 필요하다. 주도적인 책읽기가 독서토론의 주체가 될 수 있다. 다른 생각이 부딪혀도 싸움이 되지 않는다. 토론문화가 익숙하지 않은 우리나라에서 토론을 하지 않고 자란 30대 엄마들이 앉아서 2시간동안 다른 의견을 나눈다. 그러다보면 혹시나 감정이 상하지 않을까 싶지만 '책'이라는 중심이 있어 가능하다. 그러기에 2~3년째 되는 독서모임이 감정 상하지 않고 잘 유지되고 있다. 토론은 어렵지 않다. 나의 의견이 없으면 토론이 안 된다. 내 무기를 장착해야 토론이 진행된다. 무기는 곧 책을 읽고 내가 생각하고 느낀 것이다. 또 나와 다른 생각을 수용하려는 태도도 필요하다. 나와 다른 의견이 반대 의견은 아니다. 그렇게 생각하면 독서토론은 다른 의견을 들어주고 내 생각을 이야기하는 아주 단순한 원리로 돌아간다.

주의할 것은 토론과 수다를 잘 구별해야 한다. 단순 신변잡기 식으로 이야기를 끌어가는 사람도 있다. 물론 만나서 반갑고 자신의 일상을 나누고 싶겠지만 근황토크는 초반에 10분정도만 할애하고 나머지 시간은 독서토론에 집중해야 한다. 육아나 교육관련 책이 선정될 때 가장 힘들다. 아이 이야기가 함께 나오면서 "우리 애가 어떻게 했는데"라는 식으로 말이 가장 많아진다. 그러다보면 꼬리에 꼬리를 물고, 자기 아이 이야기로 넘어가면 시간이 훌쩍 지나가게 되고, 독서수다만 하고 그 시간이 마무리되기도 한다. 리더의 입장에서는 제일 허무한 날이기도 하다.

　한 곳의 독서모임에서 신청한 '도서지원 이벤트'에 당첨됐다. 독서동아리를 하고 있는 곳에서 이벤트를 신청하면 출판사에서 그 책을 인원수만큼 보내주고, 우리는 그 책을 읽고 토론하여 블로그에 올리면 되는 간단한 일이었다.《어머니의 나라》라는 책이었는데, 중국의 소수 민족인 '모쒀족'에 대해 경험하고 관찰한 내용이 나온다. 그 책을 읽고 토론하는 2시간이 짧게 느껴졌다. 그 책을 읽고 한편에서는 여성 중심의 사회로 돌아가는 시스템이 부계사회에 살고 있는 우리가 보기에 좋아보인다고 했다. 모든 관계를 여성이 결정하고 지시를 내리는 것과 모계중심의 사회라 아이의 아버지가 누구인지는 필요없다는 것. 그에 반해서 다른 편에서는 지금 살고 있는 부계중심의 사회를 모두 반대로 여성에 이입한 것이지, 지금 사회와 다를 것이 없어 보인다는 지적도 있었다. 궂은 일과 더러운 일은 남자에게 다 시키고, 여성은 윗선에서 지시를 내리는 것이 꼭 오래전의 부계중심 사회를 보는 것과 같았다는 의견이었다. 생소한 문화를 책으로 만났고 각자가 보는 눈이 달랐다. 온전히 문자를 받아들이는 사람이 있고, 그 속에 있는 의미를 다시 뒤집어 생각하는 사람이 있다. 그 토론을 마무리하면서 '아, 이래서 독서토론을 하는구나' 새삼스레 느끼는 시간이었다. 혼자 읽으려면 중간에 포기했을 수도 있지만 어려워도 의무감으로 2주를 채우고 모임에 나와 의견을 이야기해주는 멤버들이 참 고맙게 느껴졌다.

모임을 진행하다보면 내게 '모임을 열어주고 진행해줘서 매번 고마워요.'라는 문자가 온다. 모임을 하나 둘씩 진행하다보니 새로 개설해달라는 문의도 들어온다. 시산상 그러지 못해 안타까워 그분들께 한번 만들어보시라고 말씀드린다. 그런 분들은 더 이상 연락이 없으시다. 직접 만들 용기는 없고, 누가 열어주면 참여하고 싶은 분들이 많다. 리더라는 자리가 부담스러워 그렇다고 하신다. 리더는 처음부터 잘 하는 사람이 리더가 아니라 배우려는 사람, 못해도 한번 해보는 사람이 리더가 된다. 독서모임이라는 작은 발걸음을 시작한 분들이 다른 사회생활을 더 펼쳐나가는 것을 보면 내 작은 시작이 조금이나마 그분들께 도움이 된 것 같아 절로 미소가 떠오른다. 그런 분들이 또 다른 독서모임을 시작하고, 새롭게 배우기를 주저하지 않으시고 새로운 일을 시작하신다. 서로 고마움과 덕담을 주고받는다.

독서를 시작하지 않았다면 아직도 주위에 휩쓸리며 살았을 것이고, 독서모임을 시작하지 않았더라면 우물 안 개구리로 살았을 것이다. 아집이 강해지고 꼰대 소리를 들었을 거다. 내 눈에 보이는 하늘만큼 내가 살고 있는 우물 크기만큼만 알고 그 속에서 잘난 척하며 살았을 것이다. 나와 다른 생각을 계속 듣고 나누면서 나는 점점 더 성장해나감을 느낀다. 나 혼자만이 아니라 함께라서 가능하다. 성장도 함께하면 내 크기보다 더 커질 수 있다.

독서효율 극대화

독서토론을 위해 책에서 어떤 이야기를 가져올지 생각하게 된다. 중요하거나 공감 또는 새롭게 알게 된 부분을 자신만의 방식으로 가져온다. 모임에 따로 안내하지 않아도 준비를 척척해 오시는 멤버들께 감사드린다. 혼자 줄 긋고 메모하던 것들을 타인 앞에서 말로 표현하려면 정화가 필요하다. 자기 혼자만의 언어가 아니라 말하고 표현하는 연습을 하게 된다. 처음에는 어색하고 말을 잘 못하거나 안 하는 사람들도 시간이 조금 지나면 조금씩 유창해지는 모습을 볼 수 있다. 배운 것을 내 것으로 만드는 가장 빠른 방법이 다른 사람에게 설명하는 일이라고 하듯이 자신이 읽은 책을 다른 사람에게 이야기하면 그 책은 곧 자신의 것이 된다.

독서모임에서의 독서는 크게 읽기, 쓰기, 듣기, 나누기, 느끼기로 나눌 수 있다. 먼저 읽기는 내가 평소에 하던 것이다. 독서모임에 소속되기 전부터 책을 읽고 있던 방식으로 읽어나간다. 읽다보면 감동을 느끼고 공감을 한다. 나오는 의견과 반대가 될 수도 있고, 새로운 점을 알게 될 수도 있다. 눈으로 보고 머리로 이해하고 가슴으로 공감하는 모든 일이 읽기다. 그렇게 읽고 독서모임에 나오면 그 내용을 나눌 수 있다. 내 생각이나 다른 사람의 생각을 메모하고 이야기 나눈다. 서로의 의견을 공유할 수 있고, 다른 의견을 들을 수 있는 자리다. 그 의견을 수용하는 일은 자신의 몫이다.

이야기를 나눌 때는 듣기도 빠질 수 없다. 소수의 인원으로 모임이 진행되기 때문에 경청은 기본이다. 다른 사람이 이야기 할 때 나와 같거나 다른 점을 파악한다. 책에서 내가 놓친 점도 경청을 통해 발견할 수 있다. 나와는 다른 타인의 경험을 간접적으로 경험할 수 있는 시간이 되기도 한다. 그 시간 속에서 새롭게 내가 느끼는 것이 생긴다. 집에 돌아가는 길, 그 여운이 남아 계속 책 이야기를 나누고 싶어질 때도 있다. 책으로 깨달은 점, 내 삶에 적용하고 실천할 것을 생각하는 시간이 된다.

독서모임을 마치면 리더인 나는 최대한 기록을 남긴다. 모임 후기를 적어보는데, 그 시간은 모임시간동안 일어났던 토론의 내용을 다시 생각하게 되고 그 느낌을 생생히 글로 옮겨보는 시간이다. 책에 대한 쓰기는 책을 읽은 후 바로 작성하기도 한다. 멤버들의 블로그를 보면 책을 다 읽고 난 후 바로 서평이 올라온다. 책의 간단한 줄거리, 느낌, 내 삶에 적용할 점 등을 적기도 하고 나의 생각을 덧붙여서 쓰기도 한다. 조금씩 쓰다보면 쓰는 재미가 생겨나고 기록을 하는 분들은 꾸준히 그 활동을 하고 계신다.

이런 모든 활동은 약간의 강제성으로 가능해진다. 모임에 참여하려는 자발성이 우선이지만 그 이후의 활동은 그 모임에 소속되어 있는 이상 약간의 강제성이 주어진다. 어떤 분들은 이런 강제성이 부담스러워서 독서모임을 하지 않는다고 한다. 개인마다 차이점이 있을 테니 참여 유무는 선택의 자유다.

내가 하는 세 곳의 독서모임은 강제성과 자율을 섞어놓았다. 모임 초반에 엄마들의 모임으로 콘셉트를 잡고 지정도서의 비율을 어떻게 할지 고민했다. 답은 멤버들에게 있었다. 한 달에 한 번은 지정도서, 한 번은 자유 독서로 잡고 진행하기로 만장일치 됐다. 그 시스템은 잘 한 결정이었다. 엄마들에게는 강제도 자율도 필요하기 때문에 지정도서를 하는 날에는 함께 같은 책을 읽고 나누고, 자유 독서인 날에는 각자 평소에 읽고 싶었던 책을 읽고 나누었다. 자유 독서를 하면서 생각지도 못한 다양한 분야의 책들을 알 수 있게 됐다. 한 분마다 공감이 가거나 흥미가 생기는 책은 적어두었다가 따로 읽기도 하고, 다시 모임에서 그 책의 감동을 전달하기도 한다. 한 분 한 분마다 각기 다른 책을 소개하고 이야기하는 시간은 단체 급식을 하다가 소풍날 각자 싸온 도시락 뚜껑을 여는 느낌이다. 기대도 되고 재미도 있다. 옆 친구 도시락을 한 번 맛보고도 싶다. 맛보고 맛있으면 다음에 나도 저 도시락으로 준비하고 싶다. 그런 친구에게 도시락 준비는 어떻게 하는지 알려준다. 맛과 정성을 알려준다. 정보 공유는 자연스럽다.

일단 책을 좋아하는 엄마들이 모인 자리다. 당연히 엄마들 책을 읽고 나누지만 아이들의 책 이야기도 빠지지 않는다. 엄마와 아이가 함께 책을 읽고 기록하기도 하고, 아이가 책을 좋아하지 않지만 엄마가 열심히 독서하는 모습을 꾸준히 보여주는 분도 계신다. 아이와 함께 도서관에 가는 것은 기본이고 요즘에 아이들이 어떤 책을 좋아하는지, 어떤 책이 유행인지 정보도 나눈다. 엄마가 솔선수범하면 아이들이 저절로 따라오는 것을 알 수 있다. 아이들의 나이 상관없이 엄마가 무엇인가를 하고 바뀌는 것을 보며 아이들을 자란다. 아이들을 방과 후에 학원으로 내몰며 재촉하는 엄마들은 이곳에 없다. 책을 읽으며 아이를 키우는 엄마들은 어떤 것이 정도(正道)인지 알고 있다. 아이들의 나이만큼 다양한 것이 직업이다. 주부는 물론이고 직장을 다니며 낼 수 있는 시간을 이용해 독서모임을 한다. 그렇게 다양한 경험과 관계 속에서 아이에 대한 고민을 해결하는 시간이 되기도 한다. 책 이야기 속에 자녀의 이야기가 녹아나고 고민을 이야기하면 멤버 중 누군가가 답이 된다. 정답인지 오답인지는 중요하지 않지만 먼저 아이를 키워봤거나 경험이 많은 누군가는 이미 그 문제를 알고 있다. 그것이 책과 어우러져 현명한 답이 된다 생각한다.

1년 넘게 진행해오던 팀에서 약간의 변화가 필요했다. 자유 독서를 할 때 한 가지 주제를 정하고 그 주제에 대한 자유 독서를 해보기로 했다. 주제는 멤버들이 돌아가면서 정하고 그날의 리더가 되는 방식이다. 주제를 정해놓고 자신이 원하는 책을 읽고 왔다. 그랬더니 정말 다양한 책이 소개됐다. 멤버들도 "한 가지 주제로 이렇게 다양한 책이 있다니."라는 말이 먼저 나왔고, 하나의 주제로 시작하여 더 다양한 이야기를 나눌 수 있었다. 말(말하기), 여행, 환경, 글쓰기 등의 주제가 정해졌고 각자의 선택을 받은 책을 소개하고 이야기 나누었다. 대부분 주제를 정한 멤버가 당시 가장 관심 있는 분야를 정했는데 자신에게도 도움이 될 뿐만 아니라 평소에 관심이 없었던 멤버들에게도 한 번쯤 관심을 보일 수 있는 기회가 되기도 했다. 자기계발서나 육아, 교육 분야는 워낙 많이 선택되고 읽었던 부분이라 다른 분야는 소홀할 수 있었는데 이런 방식은 괜찮은, 참신한 시도였다.

책이 주는 효과는 우리가 생각하는 것 이상이다. 눈에 바로 드러나진 않지만 한 사람을 바꿀 수 있는 가장 효과적인 방법이기도 하다. 인터넷에서도 검색을 하면 바로 알 수 있듯이 책으로 변화한 사람은 너무나도 많다. 에디슨, 링컨, 이덕무 등 옛 고전에서나 보던 사람뿐만 아니라 많은 사람들이 좋아하는 이지성 작가, 서민 교수, 문유석 판사 등 책을 써서 유명해진 분들의 바탕에는 독서가 있다. 아이를 낳고 몇 년이 지나서야 책을 읽기 시작했다. 인터넷으로 눈동냥, 귀동냥해서 아이를 키우다보니 기준도 없고 원칙도 없었다. 육아와 교육서적을 읽기 시작하면서 그동안 아이 키우는 법을 동냥질하고 있었다는 것을 알게 됐다. 부끄러웠고 그때라도 책을 읽게 되어 감사했다. 저자에게 감사했고 도서관에 비치되어 감사했고, 내 눈에 띄게 돼서 감사했다. 내 안에 읽으려는 욕구가 생긴 것도 감사했다. 얼마나 읽으면 내가 바뀔지 궁금해졌고, 한 번 읽어보자, 내 나이 30내 초반인데 내 나이만큼 못 읽어내겠나, 그런 생각으로 읽어냈더니 1년에 내 나이 두 배 이상의 독서를 해낼 수 있었다. 그때의 그런 느낌을 다른 엄마들도 함께했으면 했다. 나처럼 육아에 혼돈을 겪고 있는 사람, 겪었던 사람, 이제 나를 찾고 싶은 사람 모두 함께 모여 읽고 나누고 싶었다. 그것이 독서모임을 하고 싶었던 내 마음의 소리였다.

같이 교육을 수강했던 언니부터 아이와 같은 학교 학모, 학교 선배, 블로그 이웃, 전혀 모르던 사람들까지. 책이라는 하나로 함께 모여 지금까지 그 영향을 주고받고 있다. 사회적 동물이라는 사람이 책이라는 도구로 더 발전할 수 있다는 것에 큰 감동을 느낀다. 그 길에 함께하는 사람들이 있다는 것만으로도 그 어떤 것보다 큰, 책의 효과를 느낀다.

함께 읽으면 멀리갑니다

아프리카에 어느 인류학자가 한 부족의 아이들에게 말했다. "저쪽에서 먼저 뛰어오는 사람에게 이 바구니 안의 과일을 다 주겠다." 그 말을 들은 아이들은 하나같이 옆 친구의 손을 잡고 함께 오더니 과일을 사이좋게 나누어 먹었다. 지켜보던 학자는 "왜 혼자 차지할 수 있는 과일을 나누어 조금만 먹느냐?"고 물었고, 아이들은 바로 "우분투!!"라고 외쳤다고 한다. 그리고 한 아이가 "다른 사람이 슬픈데 어떻게 혼자 기쁠 수가 있겠어요?"라고 덧붙였단다.

'우분투'는 반투족의 말로 '우리가 있기에 내가 있다.'는 뜻이라고 한다. 우리나라에 이미 이 이야기가 많이 알려져 많은 곳에서 '우분투'를 활용하고 있다. 나는 독서모임도 '우분투'라고 생각한다.

독서모임을 처음 시작할 때, 다들 "책을 좋아하지만 잘 읽어내지 못한다."고 했다. 함께 읽으면 읽을 수 있을 것 같아 독서모임에 나왔다는 분들이 대부분이었다. 처음 지정했던 책이 비교적 가벼운 책이었는데 매일 단톡에서 그날 읽을 양을 정해주었다. 부담스럽지 않은 페이지 수만큼 나눠서 함께 읽고자 했던 것이 목표였다. 그 다음 책도 그렇게 진행했다. 그런 방식이 빨리 없어진 것은 대부분 하루 이틀 정도는 잘 따라오다가 그 이후에 책 읽는 속도에 탄력이 붙어 진도가 쭉쭉 나가버렸다. 내가 더 이상 읽을 양을 정해줄 수가 없었다. 모임 멤버들이 책을 잘 못읽는다고 겸손하게 표현했다 생각이 든다.

　세 곳에서 독서모임을 해보면 책을 잘 읽는 사람이 있고 잘 못 읽어내는 사람이 분명히 있다. 대부분 잘 읽지만 간혹 자신에게 안 맞는 책이 선정됐을 경우에 그런 일이 생겨난다. 읽다가 마무리까지 못하고 오더라도 큰 문제가 없다. 잘 읽는 사람은 못 읽어낸 사람에게 설명으로 도움을 주고, 못 읽어낸 사람은 그 이야기를 들으며 책에 흥미를 갖게 된다. 모임이 끝난 후에 오히려 재미를 찾고 다 읽었다는 분도 종종 있다. '내가 왜 이 책에 흥미를 못 느꼈을까?'하고 스스로 생각을 하게 되고 설명을 들으며 온전히 자신의 것으로 만드는 일까지 이어진다.

　모두에게 어렵다고 느껴지는 책이 있다. 그런 책은 중간에 단톡으로 "어려워요"라고 연락이 온다. 그것을 보고 있던 다른 분도 함께 "어려워요"라고 하면 또 다른 분은 "어려운데 이렇게 읽으니 좀 낫더라."며 자신만의 방법을 공유하기도 한다. 이렇게 서로 격려하며 함께 읽어나가는 일이 종종 있다. 혼자였으면 시도조차 하지 않았을 책이었다고 고백하기도 하고 본인이 관심없는 분야의 책을 접할 수 있어서 좋았다고도 한다. 재미있는 점은 책을 좋아하는 이유가 다른 사람들이 모여 알게 모르게 영향을 주고받는 것이다. 그로 인해 내 생각과 사고의 범위가 확장된다. '책만 보는 고리타분한 사람'이 아니라 '책을 통해 인간관계를 더 잘하는 사람'이 되는 일이다.

초보 독서를 위한 책으로 시작해서 엄마니까 육아서, 아이 심리를 파악하기 위해 심리학, 교육을 하니까 교육학, 사람의 일이니까 인문학, 사회를 살아감에 있어 사회분야, 가족의 건강 코디네이터니까 건강, 나도 찾아야 하니까 자기계발, 한번쯤 재밌는 다른 세상을 보고 싶어 소설 등 관심없는 분야라도 함께 읽으니 이렇게 다양하게 읽어낼 수 있다. 2~3년동안 이어질 수 있는 모임이 어쩌면 함께라서 가능한 일이 아닐까.

'고전'이라 함은 주로 《논어》나 《맹자》같이 오래된 책이라 생각한다. 모임에서도 《논어》 읽기를 시도하기도 했지만 지속적으로 이어지지 않아서 아쉬운 점도 있다. 우리는 생각을 달리해서 30년이상 사랑받는 책을 고전이라 삼고 읽어보기로 했다. 그렇게 지정된 책이 《카네기 인간관계론》과 《꽃들에게 희망을》이다. 《카네기 인간관계론》은 제목을 보면 선뜻 손이 안 가기도 했다. 많은 모임이나 자기계발쪽에서는 이 책을 읽고 좋았다는데, 개인적으로 사두기만 하고 읽어내지 못하던 책이기도 했다. 이 책을 함께 읽기로 하고 책장을 넘겨보니 그다지 어려운 책이 아니었다. 표지에 카네기 할아버지의 얼굴이 크게 나와 있어서 왠지 펼치기 싫었던건가, 읽고 난 지금은 너무도 사랑하는 책이 되어버렸다. 이렇게 같이 읽어보니 다른 사람들도 나와 같은 심정이었다. 읽어보고 구입해버렸다는 사람도 있고, 2독 3독까지 했다는 분도 계신다.

한 동영상을 본 적이 있다. 일본의 한 초등학교에서 높은 뜀틀을 넘는 체육대회가 있었다. 한 아이가 계속해서 실패를 했다. 그러자 지켜보던 반 친구들이 모두 몰려나와 그 아이를 둘러싸고 응원을 해주었다. 그 응원에 힘입어 그 아이는 바로 뜀틀 넘기에 성공했고, 친구들이 뛰어나와 함께 기뻐했다. 그 동영상을 볼 때마다 뭉클해진다. '함께'라는 감동이 느껴진다. 혼자 넘는 뜀틀이지만 응원해주는 친구가 있어 그 에너지를 받는다.

독서모임도 마찬가지다. 책은 혼자 읽지만 서로 응원하는 에너지가 느껴진다. 그 에너지가 내게 전달되어 제대로 읽어내지 못하더라도 '다시 읽어야지'라는 마음이 들게 되고, 좋았던 에너지가 모이면 그날의 모임은 대박이다. 다른 사람이 읽어보고 좋았던 에너지를 받기 위해서 모임이 기다려지기도 한다. 대부분 공감을 못하고 이해가 안 되던 책이라는 말들이 있는 가운데 한 명이 '자신에게 무척 공감됐던 책'이라는 말을 했다. 그 이야기를 듣고 모임이 얼마나 기다려졌는지 모른다. 마침 그 사람이 모임에 불참하게 됐을 때, 다들 얼마나 아쉬워했는지….

흔히 독서는 개별 활동이라 생각된다. 맞다. 혼자 책을 보면서 저자와 이야기 나누는 둘만의 시간이다. 그 시간에서 벗어나 같은 책으로 각자 저자와 이야기 나눈 사람들이 모이는 시간은 개별 활동에서 벗어난다. 독서모임에 참가하게 되면 이런 두 가지 시간을 함께 맛볼 수 있다. 조용히 혼자 책을 읽고 사색하는 시간과 모임에 나와 이야기를 나누고 다른 이의 생각을 들을 수 있는 시간. 어찌보면 나의 생각을 말하기가 쑥쓰러울 수도 있다. 지극히 개인적인 이야기가 나올 수도 있고, 자신이 치유받은 일이 타인에게 공감가지 않을 수도 있다. 그런 것을 복잡하게 생각한다면 계속해서 혼자 책을 읽을 수밖에 없다. 때로는 독서모임에서 상처를 받고 그만두는 사람도 있다. 모든 모임원이 자신에게 우호적이라 생각하면 안 된다. 토론을 하다보면 나와 반대되는 의견은 무조건 있다. 그것을 어떻게 표현하는가가 다를 뿐이다. 책을 읽으면서 자신을 다독거리고 내면의 나와 만나서 이야기하면서 풀어나가야한다. 이제 세상에 나가도 된다고.

나는 참 복이 많은 사람이다. 운도 좋다. 기존 운영되고 있는 곳에 들어가긴 싫고, 내 시간에 맞추고 싶은데 그런 곳도 없다. 그러면 만들어보자. 완전 초보가 독서모임을 만들었는데 선뜻 같이 하겠다고 나서준 초기 멤버들이 있었다. 그분들의 니즈는 누가 멍석을 깔아주는 것이었단다.

첫 모임 때 '사람들이 안 오면 어떡하죠?'라고 했더니 아는 선배가 "그럼 까페가서 책 읽다 오면 되지."라고 했다. 그래 그렇게 쿨하게 생각하자. 그랬더니 온다고 연락준 분들이 다 오셨다. 마산도 그랬고, 거제도 그랬다. 둘이서 시작한 창원도 마찬가지였다. 세 팀마다 성격이 다르다. 분위기도 다르다. 각 모임에 임하는 나의 자세도 다르다. 단 한가지, 함께한다는 마음가짐은 하나다. 리더라고 할 수도 없는 초보가 리더가 되어 모임을 이끄는데 멤버들 모두 한 마음이었기에 지금까지 올 수 있었다고 생각한다. 그래서 더 좋은 책을 선정하고 싶고, 더 양질의 이야기를 나누도록 도와드리고 싶다.

독서모임을 하면서 새로운 꿈이 생겼다. '내 사무실(모임공간)'을 갖는 일이다. 우리가 모임을 가질 때 마땅한 장소를 찾느라 여기저기 많이도 다녔다. 어떨 때는 시끄러운 마트 안에서 할 때도 있었고, 멤버의 집에서 할 때도 있었다. 독서 토론을 하는 시간인데 조용히 해야 하는 카페도 있었다. 룸이 없는 카페에서는 다른 손님들이 시끄럽게 하면 별 도리가 없었다. 안정적으로 모임을 할 수 있는 공간을 갖는 꿈이 독서모임을 통해 생겼다.

나 혼자만을 위한 일이라면 생각도 못했을 꿈이다. 이 모임을 오래도록 이어나가고 싶은 마음이 크다. 모임 멤버들에게 안정적인 장소를 제공하며 양질의 책을 선정해드리고 싶다. 돈을 버는 일도 아닌데 왜 그리 열심이냐고 묻는 분들도 있다. 그들에게 내가 하는 일은 '뻘짓'이다. 그렇게 묻는 사람들의 대부분은 책을 읽지 않는 분들이다. 책을 썼다고 하면 '인세'부터 물어보는 분들이다. 책에 대한 소중함을 모르는 분들이다. 그런 분들의 그런 질문에 이제는 '노코

멘트'다. 구구절절이 이야기를 백 날 해봐도 책 한 권 읽지 않는 분들은 그 소중함을 모를테다.

언제까지 이 모임들을 이어갈진 모르겠다. 함께 읽으면 멀리 갈 것이기에 언제까지의 기한을 가지지 않고 이어나가고 있다. 함께의 효과를 많은 사람들이 더 알아가면 좋겠다는 바람과 함께.

책으로 하나가 된다

나이도 다르고, 사는 곳도 다르다. 아이의 나이와 성별도 다르다. 직업도 다르고 모습도 다 다르다. 한가지 공통점이 있다면 그건 바로 '책'을 좋아하는 여자들이다.

독서모임을 만들 때, 모집을 해놓고도 모임 시작하는 날 '사람들이 올까? 몇 명이나 올까?'라는 생각이 먼저였다. 한 명도 안 온다면 그날 카페에 가서 책이나 읽고 와야지, 라고 생각했던 것이 한 분, 두 분 들어오셨고, 유모차에 아이를 태우고 왔던 분이 인사만 하고 아이가 울어 나가시곤 오시지 않았던 기억이 난다. 정작 모임을 만든 나도 그런 생각이었는데, 나를 모르고 독서모임에 오시는 분들은 더 긴가민가 했을 거다. 어떤 책을 주로 하는지, 비용은 드는지, 사람들은 어떤지 등등 새로운 환경에 들어오기 위해 긴장한 느낌이 든다. 성격에 따라 쉽게 한 번 참석해보는 사람도 있고, 참석 전에 계속 뭔가를 물어보는 사람도 있다. 하긴 요즘에는 어떤 단체에서 다른 의도를 가지고 스터디나 모임을 개설하는 경우도 있으니 그런 질문도 있을 수밖에. 어쨌든 한두 번 참석해보면 그 모임의 성격이 드러난다. 아마 그때 계속 모임에 나갈지, 아닐지를 결정하지 않을까 생각된다.

대범함도 다르고, 소심함도 다른 우리 젊은 엄마들이, 배우러 갈 곳도 많고, 사람들 만나러 갈 곳도 많은데, 2주에 한 번 그것도 책을 들고, 또 미리 읽고 한 곳에 모인다. 집과 멀어도 오시는 분도 있고, 아이를 남편에게 맡겨놓고 오시는 분들도 있다. (아, 저녁과 주말 모임은 아이를 남편에게 맡기고 오시는 분들이 대부분이다.) 그렇게 온 가족이 이 독서모임을 위해 애쓰는 셈이다. 비 오는 날, 집에 있고 싶은 사람들이 대부분일 텐데도, 군이 나와서 책을 가지고 이야기를 나누는 것은 우리 안에 무언가 굉장한 것이 있기 때문이다.

모임이 있는 날에 태풍이 와서 모임을 어떻게 할지 고민이었다. 날짜를 미루자니 공휴일이 있어서 3~4주나 뒤로 가야 했다. 고민 끝에 시간을 정해서 카톡으로 모임을 해보자는 생각이 들었다. 정해진 시간에 카톡으로 모임을 시작했다. 손가락으로 이야기를 전하다보니 개인적인 이야기는 많이 접어두고 책에 대한 이야기가 주를 이루었다. 헷갈리지 않도록 순서를 정해서 한 명씩 이야기를 하도록 하니 정리하기도 쉽고 또 다른 재미도 생겼다. 금방 끝날 거라 생각했는데, 책 이야기로만 두 시간을 알차게 채웠던 기억이 난다.

카톡으로 이렇게 건전하게 두 시간을 채우다니. 그것도 책 이야기로만. 참 대단한 사람들이다 싶다.

사람에게 훅 빠지는 스타일은 아니지만, 유심히 모임 멤버들의 성향을 파악하려고 노력한다. 각자의 성향에 따라 어떤 책을 좋아할지 고민도 해보고, 모임 중에 이야기를 못하고 있을 수 있기 때문에 최대한 발언권을 끌어내 주는 것도 필요하기 때문이다. 모임에 오는 분들과 하나의 작은 사회를 이루고 있다고 생각한다. 성향에 따라 추진력이 좋거나, 사람과 관계를 잘하거나, 자기 지향적이거나, 두뇌형일 수 있는데 그 사람들이 적절히 섞여서 조화를 이루는 것 같다. 사람 수가 많지 않아도 그 안에서의 리더가 생기고, 자신만의 역할도 자연스레 생겨난다. 멘토 같은 역할을 하는 분도 있고, 생기발랄함을 담당하는 분도 있다. 조용히 자신의 자리를 지키며 꾸준히 계시는 분도 있고, 감정이 풍부한 사람도 있다. 다양한 그들 속에서 공통점은 자신을 사랑하고 자기계발하는 분들이라는 점이다. 이 독서모임도 자기계발이란 범주에 속한다. 스스로 나아가려는 분들이 독서모임이라는 모습으로 모여 있는 거다. 그런 분들의 모임이기에 큰 흔들림 없이 꾸준히 이어질 수 있는 것이 아닐까 싶다. 그러면서 서로 끈끈해지고 동지애도 생겨난다. 하나의 독서모임에서 소속감도 느끼고 각자 모임의 멤버라는 뿌듯함도 느낀다.

가끔 멤버의 집에서 독서모임을 할 경우가 있다. 어떤 이유에서건 그럴 경우에 집주인에게는 손님맞이 준비를 말라 하고, 집주인은 다른 멤버들에게 빈손으로 오라고 한다. 사전에 그렇게 말을 서로 주고받건만, 막상 집에 가는 날에는 빈손으로 가는 사람도 없고, 집주인은 식사를 준비하거나, 다과를 거하게 준비한다. 늘 집을 내어주는 멤버는 매번 갓 내린 커피를 준비해준다. 한국사람 특유의 '정'이라는 게 항상 느껴진다. 뭔가를 나누고 싶고, 베풀고 싶은 마음. 독서모임이라는 한 울타리 안에 들어왔다는 것만으로도 '우리는 하나'라는 느낌. 누군가가 모임에 보이지 않을 때면 왜 안 왔는지, 무슨 일이 있는 건 아닌지 궁금해하고 걱정하고, 안부를 묻고, 언제든 다시 오면 항상 그 자리에 있었던 것처럼 반갑게 맞이한다. 독서모임에서만 만나고 헤어지는 사람이 아닌 끈끈한 동지애도 느껴진다. 개인적으로 단짝처럼 붙어 지내는 사람들은 없으나 서로 필요한 부분을 채워주는 사람들이 '책'이라는 매개체로 묶여 있다.

책이 지정되면 인근 도서관에 있는지 확인하는 작업을 한다. 책을 정할 때, 매번 모든 책을 다 구입할 수 없으니 도서관에서 빌리는 일이 많다. 인근 지역에는 이용하는 도서관이 비슷하기 때문에 먼저 읽은 분이 책을 다른 멤버에게 넘겨주는 일도 있다. '지금 반납하러 가니까, 예약 걸어요.' 가끔 멤버들과 따로 만날 일도 생기는데, 그때도 주로 하는 이야기는 책 이야기다. 우리가 다른 공통점이 없기 때문에 다른 이야기로 시간을 보낼 수가 없다. 기껏해야 아이들 이야기나 일에 관한 이야기를 주로 듣는 편이 되고, 서로 주고받으며 나눌 수 있는 것은 책 이야기뿐이다. 개인적으로 커피 한 잔을 하면서 책 이야기를 나눌 수 있는 친구가 있다는 것은 참 행복한 일이다. 너무 가깝지 않으면서도 멀지도 않은 거리를 유지하지만 정신적으로는 연결되어 있는 느낌이다. 친한 친구들과는 책 이야기를 나눠본 적이 없다. 책을 좋아하는 친구들이 많지 않고, 다른 이야기가 먼저 나오기 때문이다. 내게 독서모임 멤버들은 책 이야기를 맘껏 나눌 수 있는 소중한 친구들이다.

집 근처에 야구장이 있다. NC다이노스의 홈구장이라 대부분 NC팬이다. 일부러 상대방 팀의 응원석에 자리잡지 않는 이상 우리 팀이다. 재밌는 것은 분명 모르는 사람인데도 같은 팀을 응원한다는 이유 하나만으로 같이 응원하고 있다. 응원단의 구령에 맞춰 나도 모르게 응원을 하고 있다. TV에서 볼 수 있던 야구장 단체 응원을 그곳에선 함께하게 된다. 선수들은 열심히 경기를 뛰고, 관중들은 열심히 응원을 하는 곳이다. 선수들의 협력도 중요하지만 응원하는 관중들의 협력도 중요하다. 약속하지 않아도 관중들은 홈구장에서 열리는 경기를 한마음으로 응원하고 단체 구호를 하고 동작을 취한다.

독서모임도 이런 협력이 있다. 말하지 않아도 한마음이 되는 것, '우리 팀'이라는 소속감. 좋은 것이 있으면 나누고 싶고, 함께 하고 싶은 마음. 그런 마음에 《습관홈트》를 읽고 함께 '작은 습관 만들기'를 해보기로 했다. '습관' 만들기는 누구에게나 쉽지 않은 일이다. 쉽진 않지만 함께하면 가능할 거라 생각을 하고 내가 하고 있는 독서모임의 전 멤버에게 알렸다. 그 중 원하는 분들만 참여하여 '작은 습관 만들기'를 진행했다. 진행기간 동안 본인이 정한 작은 습관을 만들기 위해 노력하는 모습이 많았다. 지금은 잠시 중단하고 있지만 "언제 다시 하냐?"고 묻는 분도 계신다. 방법을 보완해서 언제든 다시 시작할 예정이다.

배우 하정우는 함께 걷는 친구들이 있단다. 함께 '걷기 위해' 하와이에 가기도 하고, 국토 대장정도 했단다. 그런 친구들과 함께 독서모임도 한단다. 우리는 독서모임으로 함께 같은 길을 걷는다. '엄마들의 독서모임'을 시작한 이유도 함께하고 싶어서였다. 엄마가 바로 서는 가정, 엄마의 등을 보고 자라는 아이, 깨어있는 엄마이자 여자가 되는 길이다. 아이를 다그치는 엄마가 아니라 엄마가 먼저 책을 읽고 자신을 알아가는 시간을 가진다. 그런 엄마가 이루는 가정과 그 안에 있는 아이들은 무엇을 보고 자랄지 설명하지 않아도 눈에 선하다. 내겐 그런 친구들이 있어 같은 길을 걷고 있다. 내 닉네임이 '성장 메이트'이다. 내 곁에 있는 소중한 사람들과 함께 성장하며 나도 같이 그 길을 걸어가고 싶다. 내 닉네임처럼 언제나 함께 성장하는 친구들이 여기에 있다.

독서에서 글쓰기까지

어린 아이를 키우다보면 기본적인 먹고 싸는 일을 중요하게 여긴다. 많이 먹었는데 싸는 양이 적거나, 적게 먹고 많이 싸거나 하면 아이가 탈이 난 건 아닌지, 소화에 이상이 있는지 살펴보게 된다. 비만의 원인은 과식이다. 필요 이상으로 많이 먹으면 몸에 '독'이 되고, 몸에 과도한 지방이 쌓이기도 한다. 독서도 많이 먹으면 살이 찐다. 필요 이상으로 먹으면 어떤 책을 가려서 읽을지 아는 눈이 생긴다. 많이 들어가면 스스로 배출하려는 의지가 생긴다. 그것이 글쓰기다.

독서모임을 진행하다 보면 각 모임마다 글쓰기에 관심 있는 분이 많다. 이전부터 글쓰기에 대한 관심이 있던 분도 있지만 꾸준히 독서를 하면서 글쓰기까지 관심이 넓어진 분이 더 많다. 의무적으로 먹는 책들을 통해 배출하려는 의지가 생긴다. 지속적인 인풋이 아웃풋을 이끌어낸다고나 할까. 독서모임에서 공저를 진행하고 싶었는데, 아직 진행하지 못하고 있다. 아쉬운 대로 문집이라도 만들까 싶다.

책을 두 권 냈다고 하니 모르는 사람들에게도 글쓰기 문의가 들어온다. 작가라 하면 멀게만 느껴지고 특별하다고 여기는 것이 보통의 생각이다. 가까운 곳에 평범하게 살고 있는 사람이 작가이고 책도 두 권이나 냈다고 하니, 물어보기도 쉬운가 보다.

어떤 남자 분은 자신이 소설을 쓰면서 직업으로 글쓰기를 하고 싶다고 했다. 지금 다니는 직장을 그만두고 본격적으로 글만 쓰려고 한다고 말하며, 내가 글쓰기 모임을 하면 들어가고 싶다는 의사를 비췄다. 아는 분이 비슷한 글쓰기를 하는데 본인에게 글을 잘 쓴다고 했단다. 본인이 글을 잘 쓴다고 자부하면서 쓰기만 하면 돈을 벌 수 있을 거라 생각하는 듯했다. 그렇다면 굳이 내게 문의한 이유는 뭐지,라는 생각이 들었다. 글을 써서 돈을 벌고 싶은데, 어떻게 써야 잘 쓴 글이 나올지 물었다. 내가 글쓰기 모임을 하지 않는다면, 내게 글쓰기 모임을 소개시켜달라고 했다. 지금 하는 일을 하면서 글을 쓰는 건 어떻냐고 했다. 소설로 등단할 거라는 그분께, 돈이 목적이면 차라리 웹소설을 쓰라고 권유했다. 등단의 벽보다는 진입하기도 쉽고 얼마든지 쓸 수 있다고 말씀드리니 그건 또 아니란다. 글쓰기 강좌를 소개시켜 드리니 자신은 돈이 없어서 그건 좀 아닌 것 같단다.

또 다른 여자 분은 자신이 생각하는 주제가 일곱 가지가 넘는다고 했다. 각 주제별로 책을 낼 수 있을 거라고 믿고 있었다. 다양한 이야깃거리가 있고 내용은 구상되었는데, 책을 어떻게 쓸지 몰라 서울에 있는 글쓰기 수업을 위해 돈을 모으는 중이라고 했다. 내가 알고 있는 선에서 말씀드리고 근처의 괜찮은 강좌를 소개시켜드리니 본인은 서울로 갈 거라 됐단다. 그렇게 말한 지 약 2년 정도 되었다. 그분은 서울에 가지도 않고, 가끔 내게 전화할 때마다 같은 이야기를 계속 한다. 내게 계속 글을 쓰고 있는지, 어떤 책을 읽는지, 필사는 어떻게 하는지 등을 물어본다.

위 두 분 모두 내 에너지가 불필요하게 낭비되어 연락을 안 받으려 한다. 둘 다 지인을 통해서 알게 된 분이라 처음에는 연락을 하고 문의주시면 답변을 해드리다가 답이 없어보였다. 스스로 답을 정해놓고 물어보는 질문에 어떤 답을 해준들 그분들께 도움이 될까 싶다. 그만 좀 물어보고 그냥 쓰라고 말하고 싶다. 내가 대단한 게 아니라 안 쓰니까 못 쓰는 거다. 처음부터 잘 쓰려고, 완성된 글을 보이려 하니 안 되는 건 당연한 일이다.

'나 글 좀 쓰는데' 하는 이런 분들보다 나는 우리 독서모임 멤버들이 글을 더 잘 쓴다고 생각한다. 독서모임을 할 때 노트를 하나씩 들고 오는데, 본인이 읽은 내용을 정리한 노트다. 그걸 보면서 내용 발표를 하고, 또 다른 메모를 한다. 블로그에 글을 쓰는 분도 늘었다. 책을 읽고 그 내용에 대한 이야기를 늘어놓는 것이 아니라, 자신의 느낌이나 감정을 채워넣는다. 한 권의 책을 완전히 소화시킨 분들만 가능한 일이다. 줄거리를 많이 적은 글보다 더 제대로 읽어냈다고 생각한다. 글쓰기에 관심이 가기 시작하니 글쓰기 수업에 참여하는 분들도 있다. 얼마 전에는 글쓰기 일일특강에 함께 참여해서 짧은 시간이지만 글쓰기에 대한 느낌을 받고 왔다. 꼭 책을 낸 작가가 아니라도 글을 쓸 수 있다. 또 잘 쓸 수 있다. 어떤 형태로든지 글을 쓴다는 것이 중요하다. 우리 독서모임 멤버들은 이미 글 쓰는 작가들이다.

최근《간호사 독서모임 해봤니?》라는 책을 읽었다. 한 달에 한번 간호사들이 모여 독서모임을 하고 그 이야기를 책으로 펴냈다. 3교대로 시간을 맞추기도 힘들고, 독서모임을 하고 출근을 하는 등 넉넉한 시간을 가진 분들이 아니다. '간호사'라는 공통점을 가지고 모임 하는 자체가 그 시간을 의미 있게 만들어내고, 그런 감동과 경험을 모아 네 명의 저자가 되기로 했다. 책 출간의 경험이 있는 분도 있지만, 독서와 독서모임으로 성장하며 저자에 포함된 분도 있다. 이 책을 읽으면서 독서와 글쓰기는 결국 한 줄기로 합쳐진다는 느낌을 받았다. 독서와 글쓰기가 각각 다른 줄기로 시작된 것처럼 보이지만, 함께 갈 수밖에 없고 결국 하나가 된다. 독서라는 인풋이 글쓰기라는 아웃풋으로 나오는 것이다. 이 책처럼 말이다. 이런 책이 많아지길 바란다. 독서모임을 주제로 여러 명의 저자가 자신의 글을 쓴다는 것은 독서모임의 최고점에 도달한 것이라 생각한다. 꼭 책을 펴내는 것만 답이라는 뜻은 아니다. 그만큼 독서모임의 멤버들이 성장하고 또 다른 누군가를 도울 수 있는 사람이 되고 있다는 선순환이다.

독서로 시작해서 독서모임이 되고, 글쓰기까지 연결된다. 독서와 글쓰기 전도사로 다니면서 글쓰기에 대해서 말하지만 "왜 써야 되요?"가 아닌 "이제 쓰고 싶어요."라는 말을 듣는다. 혼자 독서를 할 때도 독서는 있었지만 같이 읽으니 생각의 범위가 넓어진다. 생각의 범위가 넓어지다 보니 내 생각을 정리하고 싶은 욕구도 생긴다. 그 생각 정리가 글쓰기다. 좋은 일을 겪든, 나쁜 일을 겪든 글로 표현하면 내 속에 남아있는 마음의 찌꺼기가 밖으로 배출된다. 특히나 나 같은 성격의 사람은 글쓰기가 필수다. 겉으로는 활발하고 당당해 보여도 속으로는 너무나 여리다. 하루를 끝내고 집으로 돌아와서 '이불킥' 하는 일이 빈번하다. 그럴 때 글쓰기가 필수다. 독서와 독서모임이 에피타이저와 메인요리였다면 글쓰기로 정찬을 완성하는 게 식사의 정석이다.

우리는 독서모임하는
여자들이다

지금까지 이번 글을 쓰면서 독서모임에 대해서 혼자 예찬했다. 문득 '독서모임 멤버들의 속마음은 어떨까?' 궁금해져 제일 처음 시작한 독서모임 '독서나무' 멤버들에게 '독서모임을 해서 어땠는지?'에 대해 물어봤다. 과연 그녀들의 생각은 어떨까?

엄마이기만 했던 내가, 오로지 나 자신에 대해 바라볼 시간이 주어지는 곳이다.
더 나아가 나를 둘러싼 사회라는 곳도 관심 있게 바라보게 되며 좋은 인연도 이어지기에 항상 발걸음을 다다르게 해준다.

– 최유진

책을 좋아하지 않는 나에게 책모임을 통해 책 읽는 즐거움이 무엇인지 알게 되어 삶이 행복해졌습니다. 소중한 누군가에게 무엇을 소개한다면 제일 먼저 독서모임을 추천해주고 싶습니다. 인생이 좀 더 행복해질 수 있습니다. 저가 느꼈으니까요.

_ 변정언

나는 주부이고 아이를 키우고 있는데도 귀차니즘이 심각한 수준이었다. 절정에 있었을 때 이러면 안 되겠다 싶어 '일단 나가자' '사람을 만나야지' 해서 밖으로 나오게 만들어준 것이 독서모임이었다. 기대 반 걱정 반으로 나가게 된 첫 모임에서 나는 듣고만 있었다. 듣고만 있었는데도 너무 좋았다. 스스로에게 칭찬했다. 내 삶에 새로운 활력소가 생겼고 작지만 책을 읽고 이야기 나누며 새로운 것에 도전해 볼 용기도 생겨 운동을 시작했다. 숨쉬기 운동만 하던 내가 운동예찬론자가 되었다. 나에게 또 칭찬한다. 나도 취미가 생겼다.

_ 김은진

같은 책을 읽고도 저마다 해석이 다르다.
가장 좋았던 한 줄도 다 다르고 가장 기억나는 부분도 다 다르다.
여러 명이서 같은 책을 읽고 이야기를 나누다보면 같은 책을 읽은 게 맞나 싶을 정도로 다 다른 이야기를 한다. 혼자서 책을 다 읽고 덮으면 책을 한 반 읽은 셈이지만, 다섯 명의 이야기를 더 듣고 책을 덮으면 책을 여섯 번 읽은 셈이다.

-신지선

독서모임에서는 한 권의 책이 주는 긍정의 메시지를 여러 명의 시선으로 보고 이야기를 나눌 수 있고 반복적으로 이야기하게 된다.

나는 독서모임으로 인해 어떤 경험이나 도전 앞에서 두려워 포기하는 대신 '일단 한번 해보지 뭐! 안 되면 말고' 라는 긍정의 마음가짐을 갖게 되었다.

_ 최명희

독서 모임을 하게 되면서 마음의 위로와 영혼의 풍성함을 느끼게 되었어요. 책을 가까이 한다는 건 내 삶을 더 소중하게 지킬 수 있는 길이란 걸 알게 되었습니다.

_ 김은정

독서와 독서모임을 통해 내가 생각했던 이상의 효과를 내고 있다. 작게는 책을 좋아하는 일부터 크게는 나의 성장을 이뤄나가는 일까지, 한 사람의 삶을 바꾸게 되는 일이 된다. 처음 독서모임을 시작할 때는 이렇게까지 사람들이 느낄 거라고 생각지도 못했다. 그저 책이 좋아서 다른 사람들과 나누고 싶고, 내가 알지 못하는 것을 깨닫고 돌아오는 시간을 보낼 거라 믿었다. 투자하는 2~3시간의 시간과 돈이 아깝지 않았고, 내가 알고 있는 것을 나누는 게 기쁨이었다. 감사하게도 독서모임의 멤버들은 이런 나의 뜻과 맞게 자신의 삶을 조금씩 다듬어나가고 있다.

세바시 강연을 들어보니 어느 CEO가 책을 '있어 보이려고' 읽기 시작했다고 했다. 가진 것이 없기에 책이라도 읽으면 '있어 보일까봐' 읽기 시작했단다. 독서모임은 그것보다 더 '있어 보인'다. 책을 가지고 카페로 삼삼오오 들어오는 모습은 내가 본 모습 중 제일 있어보인다. 멋있다. 엄마들이 아이들을 두고 자기만의 시간을 갖는 것도 좋은데 거기에 책과 맛있는 커피라니. 환상의 궁합이다. 또 함께하는 좋은 사람들은 그 시간을 더 빛나게 해준다. 한 사람, 한 사람이 모여 좋은 기운을 내고 그것을 또 받아가는 시간이다. 2주에 한 번, 또는 한 달에 한 번 에너지를 받아 그 기운으로 나머지 날을 산다고 말하는 분도 계신다.

독서모임의 제일 큰 효과는 자기계발이 아닐까 싶다. 위에도 말한 분이 계시지만 독서모임으로 자신을 찾고 영혼의 풍성함을 얻었다고 한다. 좋은 건 소중한 사람과 나누고 싶어 가족과 친구와 함께 독서모임을 하는 분도 있다. 내 것으로 소화하고 나 같은 사람들을 조금씩 도와주는 삶, 그것이 우리가 이 세상에 와서 한 보람된 일 중 하나이지 않을까.

각 모임을 처음 시작한 날, 중간에 새롭게 멤버가 충원되어 새로 온 날이 기억난다. 첫인상은 언제나 신선한 에너지로 다가온다. 평범한 동네 엄마가 주축이 되어 독서모임을 만드는 일이 엄청나게 큰 것으로 다가왔다. 충원을 할 때도 '우리 모임 말고도 많은 모임이 있는데, 과연 올까?' 그런 마음도 컸다. 함께해주는 분들이 더 감사한 이유이다. 다른 모임이 아닌 우리 멤버가 되어준 것, 꾸준히 못 나와도 다시 돌아온다는 것. 새로운 일을 시작할 때 같이 참여해주고 함께 힘을 모아주는 것. 누군가가 새로운 것을 시작할 때 응원해주고 용기를 북돋워주는 것. 리더가 흔들릴 때 잡아주고 힘들다 할 때 같이 힘을 실어주는 것. 산으로 가는 이야기를 책 내용으로 잡아주는 사람, 다른 책과 연결시켜 더 풍성한 이야기를 주는 사람, 부딪히는 암초는 없는지 살펴주고 혼자 물에 빠지는 이는 없는지 끌어주는 사람, 힘들지만은 않게 즐겁게 갈 수 있게 해주는 분위기 메이커까지. 우리는 한 배를 타고 있는 사람이 되었다.

독서모임에 참여하는 분들이 이 모임을 통해 더 성장하게 된 점도 신기한 변화다. 계속 책을 읽으며 다른 이의 경험을 듣게 되고, 나의 생각을 더해가며 내 발전을 위하는 일을 시작하신 분이 많다. 다른 독서모임을 만들어 이끌어가는 리더가 되기도 하고, 책을 쓰기 위해 시도를 하시는 분도 계신다. 평소 가지고 있던 재능을 더 키우기 위해 배우고 시도해보는 분도 계시고, 새롭게 일을 시작하시는 분도 계신다. 마음속에만 있던 모임을 계획하고 모집하는 분도 계신다. 독서모임을 시작으로 자기 자신을 찾아가며 자신이 잘할 수 있는 일을 찾아가는 것 같아 마음이 따뜻해진다. 그렇게 스스로 설 수 있게 되면서 주변에 선한 영향력을 미치는 파급력이 대단하다 싶다. 누가 돈을 주는 일도 아닌데 왜 여기 저기 다니면서 독서모임을 하고 있냐는 말을 많이 듣는다. '좋아서' 한다고 간단하게 말을 하지만 같이 하는 사람들의 이런 변화를 보면서 뿌듯해짐까지는 어떻게 설명할까.

책을 좋아하는 사람이라면 더 큰 효과와 감동을 위해 독서모임을 권한다. 온라인으로도 좋고 오프라인으로도 좋다. 온라인의 장점은 얼굴도 모르는 사람이지만 그분이 그 책을 읽고 어떻게 생각했는지, 나와는 어떻게 다른지 알 수 있고, 나의 희망독서 목록이 늘어난다. 오프라인은 그에 더해 감정을 오롯이 느낄 수 있다. 발표자의 감정, 그 느낌까지 전달받고 가슴에 울림을 담을 수 있다. 온라인이든 오프라인이든 참여하는 것이 중요하다. 뭐든지 한 번 해보는 것이 중요하니까. 요즘은 독서모임을 어렵지 않게 찾을 수 있다. 참여의사를 밝히면 언제든지 안내를 받을 수 있을 거다. 독서모임을 통해 더 넓은 세상을 보는 눈을 키우고 나의 삶을 풍요롭게 만들어보자. 엄마로만 살던 내가 여자인 나, 오롯이 나 자신인 나를 찾는 시간이 될 거라 믿는다.

마치는 글

열심히 독서예찬을 하면서 달려왔더니 벌써 마치는 글이 되었다. 많은 독서가들이 있어서 나의 외침이 어떻게 들릴진 모르겠다. '1년에 천 권, 3년에 만 권' 같은 어마어마한 독서가가 아니라서 실망하신 분들께는 죄송하다. 물론 나도 그런 책들을 먼저 읽었다. 엄청난 괴리감이 들면서 '책에서까지 이런 편차가 발생하다니!'라는 생각으로 '내가 읽으면 얼마나 읽겠어?'라는 생각도 했다.

사실 빨리 읽을 수 있는 책이 있고, 시간이 필요한 책이 있다. 아무리 속독법을 알려준다 해도 시간이 필요한 책은 천천히 읽는 것이 제 맛이다. 박경리의 《토지》를 속독으로 읽는다면 그건 그 책에 대한 예의가 아니라 생각한다. 속도에 쫓겨서 책을 읽는다면 그것 또한 일이 되어버린다. 책은 무조건 재미가 있어야 한다고 생각한다. 재미있는 책을 읽다보면 내게 맞는 책을 찾을 수 있고, 나와 궁합이 맞는 그런 책이 내게 오래 남는다.

작은 내 주방에는 나만의 책꽂이가 있다. 삼단을 가득 채우고 남은 책은 바닥에 쌓여 있다. 그 책들에게 미안해서 얼른 자리를 찾아 주고 싶지만 공간이 허락하질 않는다. 곤도 마리에의 정리수납에 관한 책을 읽으니 '표지를 보고 설레지 않는 책은 버려라.'는 말이 있다. 결국 읽지 않는 책을 주변에 나눠주거나 기부했다. 그랬더니 바닥에 있던 책들이 내가 보이는 곳에 자리를 잡았다. 사람과의 교류처럼 책과도 교류한다. 나의 정신세계 속에 들어와 나와 교류한다. 그러니 얼마나 책이 중요한가. 이 책을 읽으면 다른 책이 질투하는 것 같아 또 선택한다. 한꺼번에 여러 책을 읽고 싶은 충동도 많다. 내가 그런 능력이 있다면 한 번에 여러 권을 펼쳐놓고 읽고 있었을 거다. 그러지 못하니 독서모임에서 다양한 책을 소개받는다. 타인이 읽었지만 그 느낌을 먼저 듣고 호기심이 생기면 읽는다. 그렇게 내가 몰랐던 책을 발견하는 재미도 쏠쏠하다. 꼭 벼룩시장에서 사고 싶었던 것을 저렴하게 발견한 기분이랄까.

독서모임을 만들 때, 엄마들을 위한 모임이길 원했다. 엄마들이 모여서 책을 읽으며 성장하는 시간, 아이와 떠나서 나 자신을 만나는 시간. 그런 모임을 만들면 엄마들의 성장을 도울 수 있지 않을까 싶었다. 남자 회원을 받지 않는 이유다. 종종 남자분들의 문의가 들어오기도 하는데 정중히 거절한다. 엄마인 여자가 힐링하는 시간을 보장해드리기 위함이다. 언젠가는 성별 제한 없는 독서모임을 하는 날도 올 거라 믿는다. 독서에는 남녀노소 차별이 없기 때문이다. 누구에게도 필요하지 않은 책은 없으니까.

이렇게 엄마 독서모임을 이끌면서 함께해주시는 분께 감사하다. 2년이 넘게 내게 첫사랑이 된 〈독서나무〉, 워킹맘을 위한 주말 팀 〈맘, 쉼〉, 이제는 내게 제 2의 고향이 되어버린 〈달빛클럽〉 각 모임별로 사연도 많고 이야깃거리도 많다. 그 덕에 내가 더 성장할 수 있는 계기도 됐다. 내 투정을 받아주고 상황을 이해해주셔서 계속 이어나갈 수 있다. 내가 없이 운영이 되기도 하고 더 잘되기도 한다. 부족한 나를 믿고 모임에 계속 나와 주시는 모든 분께 감사하고 한 분, 한 분 예전보다 지금 성장한 모습을 보면서 기쁨을 함께하기도 한다.

내게 독서의 원동력이 되어준 우리 아이들, 이제는 함께 책을 읽고 나누는 남편께도 감사하다. '책을 쓰기 위한 일'이 아니라 '글을 쓰는 사람'이 되도록 이끌어주시는 이은대 작가님께도 감사의 인사를 전한다.

출판업계가 힘들다는 말이 많다. 그 와중에도 책을 찾아보고 읽는 사람들이 많다. 그런 분께 힘이 되고, 작은 독서가가 더 힘을 받아 책을 많이 접할 수 있는 계기가 되면 좋겠다. 함께 읽고 나누는 일이 즐거운 일임을 알 수 있도록 작은 힘이 되면 좋겠다는 마음이다.

누구나 책을 읽고 성장할 수 있다. 특히나 여자라면 많은 역할을 하는 멀티플레이어로서 힘을 잃지 않을 원동력이 될 수 있다. 그 힘을 독서로 충전한다면 오래 달릴 수 있다.

독서는 여자를 성장시킨다. 그 길에 함께하는 사람이 많아지길 바란다.

책을 품고
지혜를 불러내다

초판 1쇄 인쇄 _ 2020년 5월 25일
초판 1쇄 발행 _ 2020년 5월 30일

지은이 _ 신화라

펴낸곳 _ 바이북스
펴낸이 _ 윤옥초
책임편집 _ 김태윤
책임디자인 _ 이민영

ISBN _ 979-11-5877-168-3 03190

등록 _ 2005. 7. 12 | 제 313-2005-000148호

서울시 영등포구 선유로49길 23 아이에스비즈타워2차 1005호
편집 02)333-0812 | 마케팅 02)333-9918 | 팩스 02)333-9960
이메일 postmaster@bybooks.co.kr
홈페이지 www.bybooks.co.kr

책값은 뒤표지에 있습니다.
책으로 아름다운 세상을 만듭니다. ― 바이북스

미래를 함께 꿈꿀 작가님의 참신한 아이디어나 원고를 기다립니다.
이메일로 접수한 원고는 검토 후 연락드리겠습니다.